B급 국가 바이러스

추락하는 대한민국, 반등의 마지막 기회를 잡아라

B급 국가
바이러스

매일경제 경제부 지음

매일경제신문사

"한국의 사례처럼 착취적 정치제도에도 불구하고 경제제도가 포용적 성향을 띤 덕분에 성장이 가능하다 해도, 경제제도가 더 착취적으로 바뀌거나 성장이 멈춰버릴 위험이 상존한다. 정치권력을 장악한 이들이 결국 그 권력을 이용해 경쟁을 제한하고 자신들의 파이를 키우거나, 심지어 다른 이들로부터 훔치고 약탈하는 것이 경제성장을 추구하는 것보다 더 많은 이익을 챙기는 방법이라 여기게 될지도 모른다는 것이다."

대런 애쓰모글루(Daron Acemoglu) MIT 경제학과 교수와 제임스 A. 로빈슨(James A. Robinson) 하버드대 정치학과 교수가 함께 펴낸 《국가는 왜 실패하는가(Why nations fail)》의 구절들이다. 지금 읽어보면 소름이 끼칠 정도로 정확한 예언이다.

2012년 발간돼 전 세계적으로 큰 반향을 일으킨 이 책에서 저자들은 한국을 대표적인 모범국가로 묘사했다. '38선의 경제학'이라는 신조어까지 써가며 북한과 어마어마한 격차를 만들어낸 한국의 제도를 격찬했다. 한국은 애쓰모글루, 로빈슨 교수가 전하고자 했던 핵심 메시지와 정확히 맞아 떨어지는 나라였다. 포용적 경제제도와 포용적 정치제도가 서로 맞물리면서 선순환을 이룬 케이스였다.

사실 한국에 대한 이런 식의 분석은 과거에도 많았다. 이젠 언급하기조차 쑥스럽지만, 지난 수십 년간 수많은 국내외 학자들이 한국의 기적적인 성공을 분석하고 칭송해왔다. 각종 통계수치가 이를 뒷받침한다.

경제 면에서 한국은 1990년대 후반까지 세계적으로 그 유례를 찾아보기 힘들 정도의 고속성장을 거듭했다. 애쓰모글루, 로빈슨 교수의 표현을 따르자면 포괄적 경제제도가 든든한 밑바탕이 됐다. '열심히 공부하면 성공할 수 있다'는 믿음 하에 부모와 학생이 함께 교육에 매달렸고, 어렵게 쌓은 부(富)를 마음대로 쓸 수 있는 사유재산권이 보장됐으며, 법 체제도 비교적 공평하게 시행됐다. 새로운 기업의 시장 참여가 허용됐고, 개인들도 직업 선택의 자유를 누렸다. 국가 전반에 열심히 경쟁해야 할 인센티브가 존재했던 것이다. 이러한 한국의 경제적 번영은 흔히 '민주화'로 통칭되는 포괄적 정치제도의 밑거름이 됐다.

이 책의 집필진인 매일경제 경제부 기자들이 주목한 핵심적 문제의식은 '그렇다면 지금 한국은 어떤가'였다. 오늘날 대한민국은 과거 수십 년 동안 그랬듯이 국제적으로 칭찬받을 정도의 실력을 갖추고 있는가. 안타깝게도 대답은 '아니다'였다. 감히 단언하건대 한국에서 번영의 선순환 고리는 이미 끊어졌거나 끊어질 위기에 처했다.

원인은 다양하다. 우선 경제 참여자들의 '지대추구(Rent-seeking)' 행위는 점점 심각해지고 있다. 예컨대 청년 실업난은 바로 내 자식, 내 조카의 문제다. 노년층의 절대빈곤 역시 내 부모님의 얘기일 수도 있는 사안이다. 그러나 대기업 노조를 비롯해 의료계, 법조계, 교육계 등 각종 이익단체들은 촘촘한 진입장벽을 끈질기게 고수한다. 독과점적인 이익을 위해 특정 계층이 이익단체를 중심으로 똘똘 뭉쳐 정부와 국회를 상대로 공공연히 압력을 행사한다.

이를 거부하고 타파해야 할 정치권과 정부도 무기력하긴 마찬가지다. 심지어 경쟁을 촉진하기는커녕 경제주체의 손발을 꽁꽁 묶는 반(反)시장 정책을 앞다퉈 내놓기까지 한다. 이 같은 경쟁 제한은 필연적으로 기회의 불평등을 초래하게 된다. 집단 이기주의와 편 가르기로 가뜩이나 어려운 나라사정을 더욱 어렵게 만드는 '제 발등 찍기'가 이어지고 있는 셈이다. 여기에 타인의 사생활과 사유재산권을 아무렇지도 않게 침해하는 풍조까지 일상화하고 있다. 모두가 나라를 좀먹고 망치는 바이러스들이다.

이 책에서 매경 기자들은 한국사회 전반을 뒤덮고 있는 거대 담합구조와 작동을 멈춘 국가시스템, 무책임한 포퓰리즘과 한국경제 곳곳에 만연한 경쟁기피 현상을 'B급 국가 바이러스'로 명명했다. 이는 한국이 B급 영화, B급 상품처럼 일류가 아닌 그저 그런 국가가 됐다는 뜻이다. 겉모습은 그럴 듯하지만 그 내실은 허약하기 짝이 없는 '짝퉁'과 같은 나라를 의미하는 것이기도 하다.

원래 'B급 국가 바이러스'는 2016년 겨울부터 매일경제에 게재됐던 시리즈 기사 제목이었다. 매일경제 경제부 기자들은 B급 국가 바이러스 기사를 작성하는 과정에서 기자 개개인의 의견이 아닌 관련 전문가들의 냉정하고도 치우침 없는 충고를 담아내기 위해 노력했다. 기형적 자본주의로 변질된 한국 사회를 되살리기 위해서는 경쟁의 복원이 무엇보다 중요하다는 교훈이 그렇게 도출됐다.

약화된 경쟁체제를 정상화하기 위해선 거대한 담합구조의 타파가 시급하다는 위기감을 갖게 됐다. 이 담합구조는 대기업과 권력층, 엘리트 계층에만 국한되지 않는다. 중견 중소기업은 물론이고 흔히 '서민'으로 포장되는 보통사람들까지 포함된다. 그러다보니 한국 사회의 기득권자는 물론, 일반 독자 입장에서도 껄끄러운 내용들이 여럿 포함됐다. 때론 항의가 빗발쳤다. 그렇게 총 13회에 걸쳐 시리즈 기사가 신문에 게재됐다.

다행히 시간이 흐르면서 긍정적인 반응이 그 반대를 압도했다. 온라인 기사에 수많은 댓글이 달렸고, 전화로 격려와 의견을 전해주는 경우도 적지 않았다. 이 시리즈 기사는 이듬해인 2017년 봄 '삼성언론상 어젠다 부문'과 '씨티 대한민국 언론인상 대상'을 동시에 수상하기도 했다. 감사한 일이었다. 2017년 초 신문에 실렸던 기획기사를 책으로 다시 엮어보기로 한 것도 이런 감사함 때문이다.

이 책은 매일경제에 'B급 국가 바이러스' 기사로 게재되면서 지면의 한계, 신문이라는 형식의 제한 때문에 미처 소개하지 못했던 내용들이 대폭 추가됐다. 또한 시리즈 종료 이후 벌어진 대통령 탄핵 등 변동사항을 감안해 원고 전반을 새롭게 손봤다. 특히 독자 입장에서 일목요연하게 콘텐츠를 받아들일 수 있도록 원고를 재구성하는 데 많은 공을 들였다. 허술한 점들이 이 책 군데군데에 있음을 솔직히 고백한다. 훗날 모자란 점을 보완할 기회가 있기를 바랄 뿐이다.

취재기자의 삶은 고달프다. 눈코 뜰 새 없이 바쁜 와중에 시간을 쪼개 원고를 써준 후배 기자들에게 심심한 경의를 표한다. 또 'B급 국가 바이러스' 기획의 방향을 이끌어주고 아이디어를 불어넣어 준 매일경제 서양원 편집국장을 비롯한 선배들께도 감사의 인사를 올린다.

일반인들의 생각과 달리, 신문이 세상을 바꾸는 것은 매우 어려운 일이다. 그만큼 관행과 관습의 뿌리가 깊다. 그럼에도 불구하고 이 땅의 젊은 기자들이 발로 뛰면서 현실적, 합리적 해법을 모색해봤다는 데 큰 의미를 부여하고 싶다. 이러한 해법들이 정체와 혼돈에 빠진 대한민국을 정상궤도로 끄집어내는 데 작은 도움이라도 될 수 있기를 간절히 기대해본다.

매일경제 경제부장 이진우

Contents

PART 1. B급 국가, 길 잃은 대한민국

PART 2. 그들만의 리그, 추락하는 대한민국

PART

1

—

B급 국가,
길 잃은 대한민국

한국,
B급 국가 바이러스에 감염되다

국가의 자살 징후가 나타나고 있다

대한민국에 'B급 국가 바이러스'가 번지고 있다.

B급 국가는 흥행을 기대할 수 없는 B급 영화를 닮았다. 침체가 두드러지고 있지만 자본주의의 핵심 가치가 흔들린 채 미봉책을 쓰기 급급한 국가를 가리킨다. 원칙도 성과도 없다. 미봉책이 난무하는 분야는 저성장, 저출산과 고령화, 가계부채 등 만성화 단계에 접어든 장기 난제뿐만이 아니다. 조선·해운업 구조조정, 사드 배치 등 정책 집행 수준에서도 제대로 돌아가는 일이 없다. 문제와 해답, 부작용을 뻔히 알고

일본 〈문예춘추〉가 로마의 몰락 원인으로 지적한 '빵과 서커스'는 서기 80년 로마 티투스 황제가 콜로세움을 건설하면서 비롯됐다. 티투스 황제는 개장 기념 100일 동안 서커스를 포함한 축제를 벌였고 경기 후 빵을 지급해 로마 시민들을 열광케 했다. 사진은 콜로세움의 모습.

있지만 실수를 피하지 못하고 있는 것이 대한민국 현실이다.

아베 신조 일본 총리(2012년 12월~)가 집권하기 직전의 일본이 그랬다. 일본이 잃어버린 30년을 겪기 몇 해 전인 1975년, 월간지 〈문예춘추(文藝春秋)〉에는 〈일본의 자살〉이라는 논문 한 편이 실렸다. 로마가 쇠락한 까닭은 외부 적 때문이 아닌, 법과 원칙을 무시하는 로마 내부의 이기주의와 포퓰리즘(대중영합주의), 무능력 때문이라는 주장이었다. 이 글은 마치 '예언'처럼 40여 년이 흐른 오늘날 우리에게 경종이 되고 있다.

당시 논문은 '빵과 서커스'를 로마제국 몰락의 주범으로 봤다. 지배층은 시민의 환심을 사기 위해 공짜 빵을 줬고, 무료한 이들을 위해 서

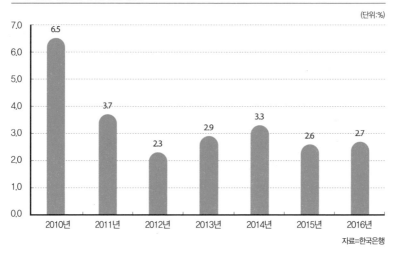

(단위:%)

자료=한국은행

커스까지 제공했다. '빵'은 무상 복지를, '서커스'는 포퓰리즘을 상징한다. 국민이 눈앞의 이익에 매달리고 지배층이 대중에 영합할 때 국가는 쇠락의 길로 접어든다는 주장이다. 이를 통해 그들은 기계적 평등을 외치는 '사이비 민주주의', 비용에 대한 무관심, 대중의 정치적 무관심에 기반한 전체주의와 권력 집중, 의무 없이 권리만 주장하는 풍토, 대안 없는 비판과 반대, 포퓰리즘 부상을 '국가 자살'의 6대 징후로 꼽았다.

논문 발표로부터 40여 년, 한국도 이 같은 자살 징후가 도처에서 나타나고 있다. 과거 일본의 인구구조와 재정 여건, 사회 풍토는 현재의 한국과 닮은꼴이다. 오늘날 한국 경제는 저성장, 저투자, 저출산, 재정적자 확대라는 악순환 고리에 빠져 있다. 한국 경제는 이미 무너지는 중이다. 한국의 성장률은 2010년 6.5%에서 2014년 3.3%, 2016년

2.7%로 완연한 둔화세다. 몰락의 소리는 곳곳에서 들린다.

하지만 제대로 된 해법은 없고 갈등만 남았다. 대표적인 것이 복지 재정을 둘러싼 '제로섬 게임'이다. 중앙과 지방 간 책임 공방만 있다. 매년 되풀이되는 어린이집 만3~5세에 대한 누리과정 예산을 둘러싼 갈등이 대표적인 사례다. 무상 교육을 비롯한 무상 복지 논쟁으로 인해 지방재정 부담 증가와 함께 매년 중앙·지방 간 갈등을 되풀이하고 있다. 2016년 정부의 추가경정예산 편성에 따라 지방자치단체들은 전국의 1년 어린이집 누리예산(2조 1,058억 원)과 맞먹는 2조 1,000억 원을 2016년 하반기 추가로 받았지만 여전히 예산 공방은 끊이지 않는다.

우리는 국가 부채에 대해 눈을 감고 있다. 2015년 국가부채는 1,285조 원으로 2011년 774조 원에서 약 1.6배 급증한 상태다. 급증하는 복지정책에 '스톱 사인'을 내자는 정치인이나 관료는 전무하다. 정치에 대한 무관심과 냉소주의는 정치·관료 권력의 횡포와 부패를 막기는커녕 오히려 부추기는 부작용을 낳고 있다. 2016년 4·13총선의 58%에 불과한 투표율은 최근 정치에 대한 무관심을 드러낸 단적인 예다. 특히 20대 후반(25~29세)의 투표율은 49.8%에 불과해 정치에 대한 냉소를 그대로 드러냈다.

대안 없는 비판과 반대도 문제다. 특히 국가적 현안으로 등장한 비정규직, 청년실업 문제 등 노동시장 개혁에 대해 비판과 반대만 쏟아낸 기득권 대형 노조의 반발은 국가경쟁력 저해뿐만 아니라 사회 분열이란 갈등의 씨앗을 키우고 있다. 중소기업청에 따르면 대기업 대비 중소기업 임금 비율은 2003년 65.8%였지만, 2016년 1~5월 기준 61.6%까지 떨어졌다. 대기업 평균 급여가 515만 원인 데 반해 중소기업은 317만 원에 불과한 실정이다. 하지만 현대자동차 노조는 2016년 1인당 연평균 1,800만 원에 달하는 사측의 급여 인상안을 부결하는 등 여론과 동떨어진 노선을 이어갔다.

우리 안의 포퓰리즘도 대한민국호를 침몰시키고 있다. 합리적 판단 없이 여론만 의식해 정책 기조가 반나절 만에 뒤집히는 현상까지 발생하고 있다. 2010년 세종시 이전 단계에서 '기업 위주 이전'이라는 수정론이 나왔지만, 정치권은 충청 표심을 의식해 결국 '정부 부처 중심 이전'이라는 원안으로 되돌아갔다. 그 결과 세종시는 행정·입법 비효율로 인한 막대한 사회적 비용만 낳은 채 애물단지로 전락했다는 평가를 받고 있다. 근로소득세 면세자 비율이 48%까지 증가한 비정상적인 상황도 정치권의 포퓰리즘과 무관치 않다.

의사결정 함정에 빠진 관료

갈등이 커지고 경제가 침체되고 있는 까닭은 관료들의 의사결정 시스템이 제대로 작동되지 않아서다. 정책 입안자들이 각종 현안을 놓고 적시에 결단을 내리지 못하거나 잘못된 결정을 반복하고 있다. 존 해먼드 전 하버드 경영대학원 교수는 이 같은 정책 오류를 '의사결정의 함정'으로 규정했다. 해먼드 전 교수는 "심각한 경우 모든 의사결정 함정들이 함께 상승 작용을 일으킬 수 있다"고 경고하고 있다. 대한민국 의사결정의 함정은 크게 네 가지로 요약할 수 있다. 현상 유지 함정(Status-Quo Trap), 닻 내리기 함정(Anchoring Trap), 틀 설정의 함정(Framing Trap), 매몰 비용 함정(Sunk Cost Trap)이 그것이다.

현상 유지 함정은 의사결정에 따르는 책임을 두려워해 관성에 의존하는 것을 가리킨다. 이른바 '변양호 신드롬'으로 상징되는 한국 관료들의 최고 난제다. 해운 구조조정 실패의 이면에는 관료들의 복지부동과 기업의 배째라식 태도가 자리하고 있다. 해운 경기와 경영 상황이 갈수록 악화하고 있는데도 수년간 방치해 구조조정 비용을 크게 키웠다는 지적이다. 글로벌 경기의 흐름을 제대로 읽지 못하고 적절히 칼을 들이대지 않은 채 시간을 허비했다는 것이다. 대우조선이 그 사례다. 대우그룹 해체 후인 2000년 산업은행 계열에 편입된 이후 "굳이 서두를 필요 없다"며 매각을 미루다 경영진의 도덕적 해이를 초래했다. 해운플랜트 부실 등과 맞물려 2015년 2조 9,000억 원대 적자를 냈다.

닻 내리기 함정은 대통령이나 장관의 말 한마디에 이견이나 반박 없이 정책 기조가 결정돼 버리는 권위적 의사결정 구조의 문제를 가리킨다. 배가 닻을 내리면 그 자리에 멈춰 서듯 윗선의 말 한마디에 따라 의사결정이 이뤄지는 닻 내리기 함정이 횡행하고 있다. 2016년 전기료 누진제 개편에 '절대 불가'를 고수하던 산업통상자원부는 박근혜 전 대통령의 말 한마디에 태도를 바꿨다. 주한미군 사드(THAAD, 고고도미사일방

어체계) 배치에서도 같은 현상이 나타났다. 사드 배치 용지가 경북 성주의 성주포대로 결정된 뒤 "여러 기준에 따른 최적합 용지"라던 국방부는 박 전 대통령이 TK(대구·경북) 의원들과의 만남에서 "새로운 지역이 있다면 면밀하게 조사할 것"이라고 하자 바로 입장을 바꿨다. 2014년 이른바 '연말정산 파동'도 같은 패턴을 따랐다. "연말정산 개편은 없다"던 기획재정부가 박 전 대통령이 "국민께 어려움 드리지 않도록 방법을 강구해야 한다"고 발언하자, 바로 당일 입장을 정반대로 바꿔 연말정산 개편 방안을 발표했다. 관료들의 이 같은 순응적 태도로 인해 최순실 등 비선실세가 국정을 농단하더라도 이를 차단하지 못했다는 지적도 있다.

한국은 틀 설정의 함정에도 빠져 있다. 고정관념에 갇혀 문제의 본질이 아닌 겉모습에 따라 정책이 결정되고 있다. 대표적인 사례는 노동개혁법이다. 기간제법, 파견법을 비롯해 19대 국회 문턱을 넘지 못한 노동개혁 법안은 '노동개혁=친기업 및 비정규직 양산'이라는 프레임에 갇혀 한 걸음도 앞으로 나아가지 못했다. 당초 노동개혁 '5대 법안'에 포함됐던 기간제법은 35세 이상의 근로자가 희망한다면 최대 4년간 기간제 근무를 허용해 비정규직의 안정적인 고용을 보호하는 게 취지다. 파견법도 마찬가지다. 고령자나 전문직 등 파견 허용 직종을 늘리고, 인력난을 겪는 뿌리산업에 대해 파견근로를 허용하자는 내용이다. 정부는 뒤늦게 기간제법은 '비정규직 고용안정법'으로, 파견법은 '중장년 근로자법'으로 이름을 바꿔 여론전에 나섰지만 판세를 뒤집지 못했

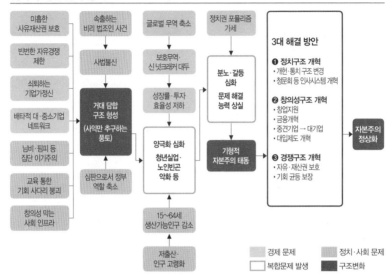

위기에 빠진 한국 경제

다. 한번 짜인 이념의 프레임은 너무나 견고했다.

　매몰비용 함정은 이미 지출해 회수할 수 없는 비용에 집착해 정부가 더 큰 정책 오류의 늪에 더욱 깊이 빠지는 것을 가리킨다. 합리적 판단은 미래의 비용과 편익만을 기준으로 해야 한다. 하지만 과거에 발생한 매몰비용은 '본전 생각'에 빠진 정책결정자의 판단을 흐리게 하고, 미래 정책 결정에 악영향을 끼친다. 2016년 법정관리 수순을 밟기까지 막대한 자금을 쏟아 부은 STX조선은 매몰비용에 묻혀 채권단이 신속한 정책 결정을 내리지 못한 대표적 사례. 2013년 자율협약에 돌입한 STX조선에 대해 채권단은 기존 채무 4조 원을 유예해주는 한편 4조 5,000억 원을 새로 지원해줬다.

'공화'는 사라지고 '특별'만 남았다

원칙과 리더십이 사라지자 각자도생(各自圖生)이 판을 치고 있는 것도 B급 국가 바이러스가 퍼지는 이유다. 공론의 장인 국회에서는 모든 이를 위한 공화(共和)라는 대원칙이 사라지고 국회의원 자신들의 지역구 등을 위한 특별법이 쏟아지고 있다.

시계를 잠시 2007년으로 돌려 보자. 당시 17대 국회에서는 '동·서·남해안 및 내륙권 발전 특별법'이란 기형적 법안이 탄생했다. 당초 경남·부산·전남 지역구 의원들이 남해안 일대를 친환경 관광거점으로 개발하자며 낸 '남해안특별법'을 추진한 게 단초였다. 그러자 강원도 의원들이 형평성에 어긋난다며 '동해안특별법'을 냈고, 서해안 지역구 의원들이 바통을 넘겨받으면서 전 국토의 29%, 10개 시·도 73개 지방자치단체의 규제를 풀어주는 거대 법안이 탄생했다. 이 법은 이후 18대, 19대 국회를 거치며 충북과 경북 등 내륙 지역을 포함한 초대형 특별법이 됐다. 하지만 난개발 우려와 위헌 논란을 무릅쓰고 가까스로 통과된 이 '정치적 타협물'은 제정 후 9년 동안 사실상 개발 실적 '0건'에 그치며 '포퓰리즘 악법(惡法)'의 대표적인 사례로 남았다.

특별법은 매년 증가하는 추세다. 국회 의안정보시스템을 분석한 결과 2010년대 들어 의결된 특별법과 특례법은 총 345건, 즉 매주 1개꼴로 통과된 것으로 분석됐다. 특별법과 특례법이 남발되는 이유는 상대적으로 오랜 논의를 거치지 않고서도 법안을 통과시킬 가능성이 높기

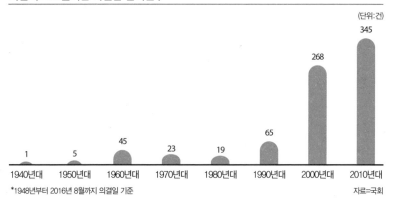

폭발적으로 늘어난 특별법 발의건수

(단위:건)

- 1940년대 1
- 1950년대 5
- 1960년대 45
- 1970년대 23
- 1980년대 19
- 1990년대 65
- 2000년대 268
- 2010년대 345

*1948년부터 2016년 8월까지 의결일 기준

자료=국회

때문이다. 특별법은 적용 대상이 포괄적인 일반법과 달리 특수한 상황과 특정 지역 및 사람, 행위에 국한해 적용되는 법을 말한다. 특별법이 만들어져 있는 경우 대원칙인 일반법보다 우선 적용된다. 특별법이 우선이고 대원칙인 일반법이 후순위인 상황에서 특별법은 의원들이 손쉽게 목적을 달성하는 수단으로 전락했다.

국회가 본회의를 열어 특별법과 특례법을 의결한 건수는 1948년 제헌 국회 이래 지금(2016년 8월 기준)까지 총 771건이다. 1940년대 1건에 불과했던 특별법안은 1950년대 5건, 1960년대 45건으로 늘었다가 1970년대 23건, 1980년대 19건으로 감소세를 보였다. 하지만 1990년대 65건으로 증가한 뒤 2000년대 268건, 2010년대에는 2016년 8월까지 345건에 달했다. 특히 국회는 2016년 9월까지 특별법 20건을 의결했고, 20대 국회 개원 이후 특정 지역을 위한 법안부터 특정 종사자를 위한 법안까지 다양한 특별법이 발의되고 있다.

19대 국회에서는 제주특별자치도 설치 및 국제자유도시 조성을 위한 특별법 일부개정법률안, 새만금사업 추진 및 지원에 관한 특별법 일부개정법률안, 아시아문화중심도시 조성에 관한 특별법 일부개정법률안, 서해 5도 지원 특별법 일부개정법률안, 동·서·남해안 및 내륙권 발전 특별법 일부개정법률안 등이 국회를 통과했다. 19대 국회에서 통과된 특별법 중 특정 지역 개발에 관한 특별법은 전체의 약 30%를 차지했다. 무분별한 특별법 남용 논란은 19대 국회에 이어 20대 국회에서도 이어지고 있다. 20대 국회 '1호 법안'인 박정 더불어민주당 의원의 '통일경제파주특별자치시의 설치 및 파주평화경제특별구역의 조성·운영과 지원에 관한 특별법'은 자신의 지역구인 파주 북부 일원에 남북경제협력형 특구인 파주공단을 조성하는 것을 골자로 한다. 박명재 자유한국당 의원도 '울릉도·독도 지역 지원 특별법안'을 통해 5년간 본인 지역구에만 국가 예산 3,030억 원을 투입하겠다고 나섰다.

좋은 게 좋은 거라는 **철학**이 낳은 **비극**

"제대로 된 국가라면 3부(府)가 각자 꼭 지켜야 하는 원칙·철학이란 게 있어야 하는데, 지금 한국에 남은 원칙은 '좋은 게 좋은 거'라는 철학밖에 없습니다."
원로 학자인 유정호 KDI 국제정책대학원 초빙교수는 대한민국이 B급 국가로 전락하고 있는 이유에 대해 '적당한 타협'을 그 원인으로 꼽고 있다. 그는 2004년 KDI 설립 이후 34년 만에 첫 정년퇴직자 기록을 남겼고, 최근에도 KDI 대학원에서 강의를 하고 있는 대한민국의 대표적인 원로 경제학자다.

유정호 초빙교수
KDI 국제정책대학원

한국의 원로 경제학자가 분노하는 이유는 무엇일까. 그는 "남의 것을 빼앗으면 안 된다는 상식, 기본의 문제도 지켜지지 않는 국가가 됐다"고 한탄했다.
그는 시장경제에 대해 "지고의 가치는 아니지만 인류 역사에 이보다 더 나은 대안이 없다"면서 "반듯한 나라가 제대로 된 시장경제를 만든다"고 정부 역할을 강조했다. 하지만 그는 역대 정부가 그 역할을 소홀히 했다고 설명했다. 소득격차, 대·중소기업 관계, 노사관계 문제점이 불거졌지만, 접근 방식이 잘못돼 해결되지 않고 있다는 지적이다. 예를 들어 소득격차에 대한 사회적 불만의 원인이 격차 수준보다는 과정상의 불투명·불공정에서 기인했기 때문에, 문제가 많은 경기규칙을 그대로 둔 채 고소득층에 대한 중과세를 늘리는 것은 사회적 불만 해소에도 도움이 되지 않을 뿐더러 경제성과를 떨어뜨리는 부작용만 낳는다는 것이다.
유 초빙교수는 불공정 사회라는 인식이 확산되는 데 대해 정부가 경제적 약자 보호를 명분으로 '적극적인' 목적 추구에 나서는 것을 경계했다. 관치에 의한 경제발전을 경험한 한국 정부는 문제가 생길 때마다 민간영역을 통한 교정보다는 스스로의 조직 역할 확대에 나서는 경향이 강하기 때문이다. 그가 제시하는 해법은 단 한 가지. 자유권·재산권을 해치는 행위에 대한 응분의 처벌이다.
"남을 해치고 자기 이익을 추구하는 행위, 공권력·직원을 사익 추구에 남용하는 행위에 대해 틀림없이 처벌받는 체제를 공고히 하면 됩니다."
그의 해법에는 울림이 있다.

1996년을 닮아가는
한국 경제

1996년 그때와 너무 닮았다

1996년 12월 27일. 현대자동차, 기아자동차, 아시아자동차, 쌍용자동차, 현대정공 등 자동차 5사를 포함한 민주노총 산하 노조들이 전면 파업에 들어갔다. 국회 노동법 개정안 처리에 따른 반발이었다. 지하철, 병원 등 노조들이 부분 파업에 들어간 가운데 공장마저 멈춰 서자 후폭풍이 거셌다. 생산 감소 염려에 증시가 하루 사이 18.75포인트 하락해 45개월 만에 최저치인 659.01로 떨어졌고 현대차는 690억 원에 달하는 손실을 입었다. 경제 컨트롤타워인 재정경제원은 비상이었다.

가뜩이나 수출이 부진한데 생산에 차질이 빚어진 것이다. 그해 경상수지 적자 규모는 238억 3,000만 달러로 역대 최대치를 기록했다.

1997년 외환위기 1년 전에 등장한 대규모 정치파업은 '국운 쇠락'의 방아쇠를 당기는 역할을 했다. 그리고 1996년 총파업은 2017년 오늘날 혼돈과 정확히 오버랩된다. 21년 전 당시나 지금이나 파업은 한국경제의 체질이 고갈되고 있는 가운데 전국적인 규모로 산업 곳곳에서 일어나고 있고, 근로조건 개선이나 개별 사업장의 현안이 아니라 정치구호만 나온다는 공통점이 있다.

파업 명분은 그때나 지금이나 '개악 저지'다. 1996년 4월 24일 당시 김영삼 대통령은 "노동법이 도입된 지 40년이 지났다"며 "일대 수술이 필요하다"고 천명했다. 이른바 노사 간 갈등을 치유하고 협력적·동반적 관계로 거듭나자는 뜻에서 '신노사관계 구상'을 발표한 것이다. 이에 김영삼 정부는 사업을 지속할 수 없을 때에 한해 근로자를 해고할수 있는 '정리해고제'와 탄력적으로 시간을 관리해 근무할 수 있도록 한 '변형시간근로제'를 도입하는 한편, 노조의 정치활동 금지 등 이른바 '3금 조항'은 삭제하는 것을 골자로 한 노동 관련법을 그해 11월 국회에 제출했다. 경제협력개발기구(OECD) 가입국에 맞게 노동권을 보장하는 동시에 기업의 숨통을 함께 터주는 조치였다.

하지만 국회는 리더십이 실종된 상태였다. 대선을 1년 앞두고 야당은 반대를 위한 반대를 일삼았고 급기야 여당은 12월 26일 본회의를 단독 소집해 강행 처리했다.

노조는 기다렸다는 듯이 일어섰다. 곧바로 현대중공업 등 민노총 산하 88개 사업장에서 15만 명 이상 근로자들이 파업에 동참했다. 1월부터 파업의 불길은 교육계, 학계, 사회단체까지 번졌다. 위기를 느낀 정부는 물러섰다. 당시 김영삼 대통령은

1996년 12월 27일 서울 여의도광장에 민주노총 조합원과 대학생 1만여 명이 모여 노동개혁안 철회를 주장하며 총파업에 동참하고 있는 모습.

"야당 총수를 만나 노동법을 수정하겠다"고 말했다. 결국 노동법은 상급단체의 복수 노조 허용, 정리해고제 2년 유예로 후퇴했다.

정치파업은 큰 후유증을 초래했다. 사회 갈등을 부추겼고 정부와 국민의 관심을 파업으로 돌렸다. 외부에서 무슨 일이 일어나는지는 우선순위가 아니었다. 1997년 1월 23일 한보철강을 시작으로 부도가 속출했고, 정부가 그해 5월 외국인 주식투자한도를 지분 20%에서 23%로 늘리는 등 자본 유출 막기에 나섰지만 이미 때는 늦은 상태였다. 그해 11월 21일 정부는 국제통화기금(IMF)에 구제금융을 공식 요청했다.

문제는 한국 노조의 현실이 1996년 총파업 당시에서 한 치도 앞으로 나가지 못했다는 것이다. 특히 노동개혁을 추진했던 박근혜 전 대통령이 탄핵으로 불명예 퇴진하면서 노동개혁은 완전히 동력을 상실했다. 자칫 잘못하면 20년 전보다 경제에 더 큰 타격을 줄 것이라는 전망이 높은 이유다.

2015년 11월부터 노동5법인 근로기준법·파견근로자보호법·기간제법·고용보험법·산재보험법을 반대하는 시위가 있었고, 2016년 9월에는 공공기관 성과연봉제를 반대하며 양대노총의 총파업이 벌어졌다. 노동계의 조직적 반대가 1년 동안 이어졌다. 오정근 건국대 금융IT학과 특임교수는 "현대차의 경우 임금피크제를 안 한다고 했는데도 파업을 했다"며 "이는 순전히 정치적 파업으로 노조가 이미 대선전에 뛰어든 것"이라고 진단했다. 그러면서 그는 "1996년 내우외환 속 노조의 총파업이 벌어지면서 외환위기가 왔다는 사실을 기억해야 한다"고 강조했다.

더 큰 문제는 노조 반발 때문에 이들 개혁이 실패할 경우 효율적인 산업구조로 탈바꿈이 안 된다는 점이다. 2015년 11월 국회 환경노동위원회 전체회의에 상정됐던 노동5법은 근로자의 근무기한을 확대(2년→4년)하고, 뿌리산업에도 파견업을 확대하며, 통상임금 범위를 명확히 하고, 실업급여를 확대하는 등 현재 산업구조에 발맞춰 비현실적인 법안을 수정하는 내용을 담고 있다. 또 정부가 2016년 1월 발표한 공공기관 성과연봉제 권고안은 비효율적인 공공기관에 활력을 불어넣고자 능력에 따라 급여를 차등 지급하는 내용을 담고 있다. 하지만 2016년 10월부터 온 나라를 뒤흔든 최순실 사태를 계기로 노동개혁 동력은 완전히 상실된 상태다.

외환위기 당시 재정경제원 출신으로 한반도에너지개발기구(KEDO)에 재정국장으로 파견돼 있던 이용희 서울대 객원교수는 "정부, 정치권, 국민 모두 우리가 3% 미만의 저성장 국면에 진입했다는 걸 알아야한다"면서 "당장 파업을 줄이는 것이 급하겠지만 근본적으로 구조적인 갈등을 해결하지 않고서는 몇 년 뒤 또다시 이런 사태들이 반복될 수 있다"고 설명했다. 신세돈 숙명여대 교수는 "당장 수출 감소가 심각하다는 것을 알아야 한다"면서 "2017년 초 수출 반등은 반도체·석유화학 등 일부 업종의 호황에 힘 입은 것으로 연말까지 흐름이 이어질지 여부는 불투명하다"고 염려했다.

추락하는 것에는 날개가 없다

외환위기 직전인 1996년 12월 한국은 OECD(경제협력개발기구)에 가입하며 경제 분야 '세계화'에 속도를 냈다. 당시 한국은 PC용 반도체 수요 폭발로 1995년 최대 규모의 반도체 호황을 누리는 등 경제에 한껏 자신감이 붙었던 시기다. 그해 처음으로 1인당 국민소득 1만 달러를 돌파하기도 했다.

그러나 한국은 OECD 체제 조기 가입에는 성공했지만 연착륙하는 데 실패한다. 당장 경기가 꺾이면서 과잉투자가 문제된 것이다. 샴페인을 너무 일찍 터뜨렸다는 말이 나왔다. 이듬해인 1996년 과잉 공급된 반도체 D램 가격이 전년 대비 6분의 1 수준으로 폭락하면서 상품수지 적자만 한 해 155억 달러를 기록했다.

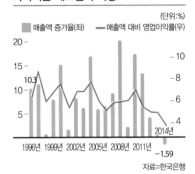

악화되는 제조업 수익성

(단위:%)
- 매출액 증가율(좌)
- 매출액 대비 영업이익률(우)

자료=한국은행

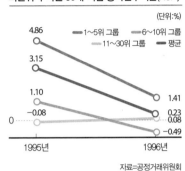

외환위기 직전 30대 기업 총자산수익률(ROA)

(단위:%)

1~5위 그룹　6~10위 그룹
11~30위 그룹　평균

	1995년	1996년
	4.86	1.41
	3.15	0.23
	1.10	0.08
	-0.08	-0.49

자료=공정거래위원회

　또한 OECD 가입을 위해 충분히 성숙되지 않은 상황에서 무리하게 외환·자본 시장 자유화에 나선 점도 비극을 낳는 도화선이 됐다. OECD 가입으로 신용등급이 오른 국내 대기업들은 국제금융시장에서 자금을 끌어오기가 쉬워졌고, 특히 우후죽순으로 설립된 종합금융사들이 거간꾼으로 나서 단기 외채를 중심으로 한 해 동안 212억 달러의 자금을 국내로 끌어왔다. 기업들은 이 자금으로 문어발식 사업 확장과 해외 위험자산 투자에 나섰고, 이에 반비례해 기업 체질은 그만큼 허약해졌다. 한국은행에 따르면 그해 국내 기업들의 매출액 대비 경상이익률은 전년(3.6%)보다 3분의 1 이상 떨어진 1%까지 추락했다. 결국 그해 경상수지 적자는 당초 정부 예측인 70억 달러의 3배에 가까운 206억 달러를 기록하며 위기의 전조를 알렸다.

　유입된 자금 규모를 뛰어넘는 경상수지 적자 폭은 결국 외환시장에서 달러 품귀현상과 함께 원화값 절하를 불러왔다. 한국 경제의 위기를 감지한 해외 자금의 순차적인 이탈은 '달러 강세'를 더욱 가속화했다. 이에 따라 1995년 달러당 774.7원이던 원화값은 불과 1년 만에 844.2원까지 추락했다. 기업들의 환차손이 1조 원을 넘길 것이란 전망이 잇달아 나왔지만, 수출경쟁력에 매달리던 정부는 뾰족한 대안을 내놓지 못했다. 여기에 더해 역플라자합의(1995년 4월 G7경제장관, 중앙은행총재 회의에서 이뤄진 엔저 유도를 위한 합의) 이후 1995~1996년 상반기까지 이어진 엔화의 평가절하는 한국 경제에 치명타가 됐다. 결국 이듬해 1월 재계 14위였던 한보그룹이 부도를 맞으며 위기 조짐을 보이기 시작했다.

하지만 위기의 원인은 보다 근본적인 것에 있었다.

1997년 한국 금융위기가 오기 직전 매일경제는 《부즈 앨런 & 해밀턴 한국보고서》를 통해 '넛크래커'라는 비유를 처음 사용했다. 한국 경제가 첨단 기술력으로 무장한 일본과 저임금에 기댄 중국의 저가 공세에 끼여 경쟁력을 잃고 있는 상황을 의미한 것이었다. 비용으로는 당시 세계의 공장으로 떠오른 중국을, 효율로는 일본을 앞지를 수 없다는 게 보고서의 골자였다. 중국과 일본 사이에 낀 한국이 고사 위기에 처했음을 알린 최초 보고서였다. 특히 당시 철강, 반도체, 가전과 자동차를 비롯한 국내 주력 수출상품마저 넛크래커 신세에 처할 것이라는 충격적인 진단을 내놨다. 《부즈 앨런 & 해밀턴 한국보고서》는 "정경유착을 통한 무리한 중화학공업화가 서비스 산업의 발전을 지체시킬 뿐만 아니라 경제 전체의 효율성을 떨어뜨릴 것"이라고 설명했다.

시선을 오늘날로 다시 돌려보면 한국 경제는 신 넛크래커 신세다.

매일경제는 외환위기 직전인 1997년 10월 31일 《부즈 앨런 & 해밀턴 한국보고서》를 출간했다. 당시 제1차 국민 보고대회에서 한정판으로 발간한 한국보고서는 국내 각계의 요청으로 별도 책자로 만들었을 정도였다. 이 책은 외환위기에 빠진 한국 경제의 모순을 분석하고 대안을 제시하면서 곧바로 베스트셀러에 올랐다.

스마트폰이 대표적이다. 시장조사기관 스트래티지 애널리틱스에 따르면 한국, 중국, 일본, 인도, 호주 등 아시아·태평양 스마트폰 시장에서 삼성은 2016년 3분기 1위에서 2016년 4분기 5위로 떨어졌다. 시장점유율은 같은 기간 13.1%에서 9.4%로 하락했다. 반면 중국의 오포(Oppo)는 점유율 12.3%로 1위에 올라섰다. 이어 애플 12.2%, 화웨이 11.1%, 비보(Vivo) 10.9% 순이었다. 전 세계 최대 스마트폰 시장인 중국은 이미 오포와 비보, 화웨이 등 현지 3인방이 장악한 상태다.

세계 1위를 차지했던 한국 조선업도 사정은 마찬가지다. 2017년 1월 영국의 조선·해운 시황 전문기관 클락슨에 따르면 2016년 12월 말 기준 한국의 수주잔량은 1,991만 6,852CGT(표준화물선환산톤수)로 집계됐다. 반면 중국은 약 3,000만CGT, 일본은 약 2,006만 4,685CGT에 달했다. 한국이 수주잔량에서 세계 3위로 밀려난 것은 17년 만이다. 미래는 어둡다. KDB산업은행은 '2017년 산업전망'에서 2017년 국내 조선업은 건조량 대비 수주량이 크게 떨어져 1년 전보다 48.1% 감소할 것으로 전망했다. 이는 현재 수주 잔량 절반이 2017년 안에 인도되고, 남은 조선소 보유 일감이 1년치 미만이 될 것이라는 뜻이다.

대한민국호가 추락하고 있는 것에 대해 전문가들은 안일한 현실 인식이 한몫했다고 지적한다. 때문에 '어떻게든 되겠지'라는 생각을 떨쳐 버리고, 선제적 위기 방어에 모든 힘을 쏟아야 할 때가 바로 지금이라는 얘기다. 외환위기 당시 재정경제원 출신으로 청와대 파견 중이던 신동규 전 NH농협금융지주 회장은 "최근 전개되는 상황을 보면 1996년 당시 겨울과 흡사해 착잡하다"며 "구조조정 기회를 놓친 게 결국 1997년 외환위기의 결정적 계기가 됐다"고 회고했다. 그는 "외환보유액과 외채건전성 등 위기 관련 지표들은 당시보다 좋고 체질도 많이 개선됐다"면서도 "과감한 구조개혁을 해내지 못하면 우리 경제는 한순간에 경쟁력을 잃어버릴 것"이라고 지적했다. 또 당시 재정경제원 국민생활국장이었던 김종창 전 금감원장은 "그때는 충격이 일시에 몰리면서 경제가 끝장났지만, 지금은 실험실 개구리처럼 물이 뜨거워지는 줄도 모르고 있다가 무방비로 당할 수 있다"고 경고했다.

1996년 vs. 2016년⋯ 위기 전파 '판박이'

1996년 3월 10일. 한보그룹 신임 회장에 정태수 총회장의 삼남인 정보근 부회장이 취임했다. 그는 그해 6월 매일경제와 인터뷰하면서 "(한보그룹의) 매출 10조 원대, 재계 순위 10위권 진입이 어려운 일은 아니다"라고 장담했다. 1970년대 광산업과 건설업에서 출발한 한보그룹은 1990년대 들어 공격적으로 몸집을 키웠다. 한보그룹 위상은 당시 재계 14위에 달할 정도로 커져 있었다. 하지만 불과 몇 달 뒤인 1997년 1월 부도를 맞았다. 2조 7,000억 원으로 잡았던 당진제철 투자소요액이 5조 7,000억 원으로 불었고 이 과정에서 막대한 빚을 졌는데 유동성이 줄면서 상환이 불가능해졌던 것이다.

시계를 20년 뒤인 현재로 돌리면 한보 사태는 지금의 조선·해운업 위기와 오버랩된다. '과잉 투자→경기 위축→기업 부실 확대'라는 악순환의 고리가 이어지고 있는 것은 1996년과 오늘날이 유사하다. 이런 가운데 미국이 기준금리 인상을 예고하고 일본이 엔화 약세 정책을 펴려고 하는 것도 비슷한 패턴이다. 일각에서는 '가계 빚'이 당시와 규모가 다르다는 점을 근거로 1996년보다 더 질이 나쁜 '스칸디나비아형 위기'를 맞을 수 있다고 진단한다. 1980년대 말에서 1990년대 초 스웨덴, 노르웨이, 핀란드 등 스칸디나비아 3개국이 겪었던 이른바 '스칸디나비아형 위기'는 가계가 빚으로 부동산을 매입한 상태에서 글로벌 경기 위축이 나타났고 이에 주요 수출품(원유) 가격 하락, 부실 채권 상승 등이

1996년과 닮은 2016년 위기 전파 경로

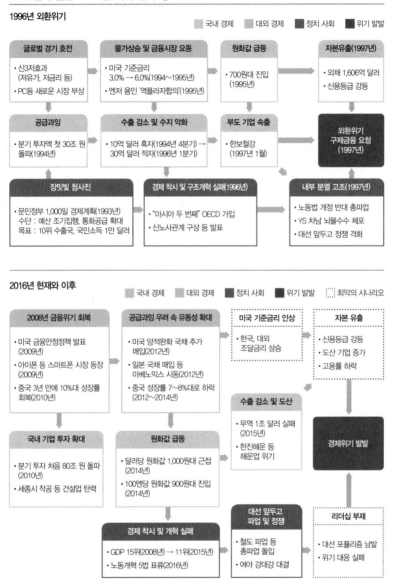

1996년 외환위기

■ 국내 경제 ■ 대외 경제 ■ 정치 사회 ■ 위기 발발

글로벌 경기 호전
- 신3저효과
  (저유가, 저금리 등)
- PC등 새로운 시장 부상

물가상승 및 금융시장 요동
- 미국 기준금리
  3.0% → 6.0%(1994~1995년)
- 엔저 용인 '역플라자합의'(1995년)

원화값 급등
- 700원대 진입
  (1995년)

자본유출(1997년)
- 외채 1,606억 달러
- 신용등급 강등

공급과잉
- 분기 투자액 첫 30조 원
  돌파(1994년)

수출 감소 및 수지 악화
- 10억 달러 흑자(1994년 4분기) →
  30억 달러 적자(1996년 1분기)

부도 기업 속출
- 한보철강
  (1997년 1월)

**외환위기
구제금융 요청
(1997년)**

장밋빛 청사진
- 문민정부 1,000일 경제계획(1993년)
  수단 : 예산 조기집행, 통화공급 확대
  목표 : 10위 수출국, 국민소득 1만 달러

경제 착시 및 구조개혁 실패(1996년)
- "아시아 두 번째" OECD 가입
- 신노사관계 구상 등 발표

내부 분열 고조(1997년)
- 노동법 개정 반대 총파업
- YS 차남 뇌물수수 체포
- 대선 앞두고 정쟁 격화

2016년 현재와 이후

■ 국내 경제 ■ 대외 경제 ■ 정치 사회 ■ 위기 발발 ┊ 최악의 시나리오

2008년 금융위기 회복
- 미국 금융안정정책 발표
  (2009년)
- 아이폰 등 스마트폰 시장 등장
  (2009년)
- 중국 3년 만에 10%대 성장률
  회복(2010년)

공급과잉 우려 속 유동성 확대
- 미국 양적완화 국채 추가
  매입(2012년)
- 일본 국채 매입 등
  아베노믹스 시동(2012년)
- 중국 성장률 7~8%대로 하락
  (2012~2014년)

미국 기준금리 인상
- 한국, 대외
  조달금리 상승

자본 유출
- 신용등급 강등
- 도산 기업 증가
- 고용률 하락

국내 기업 투자 확대
- 분기 투자 처음 80조 원 돌파
  (2010년)
- 세종시 착공 등 건설업 탄력

원화값 급등
- 달러당 원화값 1,000원대 근접
  (2014년)
- 100엔당 원화값 900원대 진입
  (2014년)

수출 감소 및 도산
- 무역 1조 달러 실패
  (2015년)
- 한진해운 등
  해운업 위기

경제위기 발발

경제 착시 및 개혁 실패
- GDP 15위(2008년) → 11위(2015년)
- 노동개혁 5법 표류(2016년)

**대선 앞두고
파업 및 정쟁**
- 철도 파업 등
  총파업 돌입
- 여야 강대강 대결

리더십 부재
- 대선 포퓰리즘 남발
- 위기 대응 실패

도미노처럼 이어지면서 국가가 난국에 봉착한 것을 가리킨다. 한국도 가계 빚이 막대한 상태다.

위기 타파를 위해선 정공법이 답이다. 시스템을 개혁하고 자본주의 정신을 되살려야 한다. 재정경제부 금융정책국장 출신인 변양호 보고 펀드 고문은 능력 있는 사람들이 창의와 열정을 갖고 일할 수 있는 시스템을 구축하자고 제안했다.

공정한 경쟁을 위해 제대로 된 법 앞의 평등을 구현하고, 감사원의 정책 감사 기능을 폐지해 공무원이 적극적으로 일하도록 하며, 산업은행 같은 공공기관에 최고 능력자를 선별 배치하고, 경쟁을 제한하는 규제를 폐지하자는 제언 등이다. 변 고문은 "예전에는 시장이 경쟁을 안 해도 정부가 리더십을 갖고 이끌면 어느 정도 경제가 굴러갈 수 있었다"면서 "하지만 지금은 정부 힘만으로 움직일 수 없다"고 말했다.

또 이창양 카이스트 교수는 자본주의 정신의 회복을 대안으로 제시했다. 그는 "권력이 국회로 넘어가면서 모든 것이 정치화됐고 행정력도 예전보다 기민하지 않게 됐다"면서 "이로 인해 경제 일선에서 뛰는 대기업, 중소기업, 벤처기업, 창업기업 들의 목소리가 정책에 잘 반영되지 않고 있다"고 진단했다.

위기의 시계로 본 대한민국

한국 실물경제 위기의 시간

	2008년 7월	2008년 11월	2009년 4월	2012년 5월	2016년 10월
시간	19시	21시 10분	23시 15분	18시 21분	15시 15분 실물:18시 20분 금융:14시 15분
경고등	· 교역조건 · 국내신용	· 교역조건 · 국내신용 · 단기외채	· 산업생산 · 수출 * 단기외채, 국내신용, 주가는 위기 임계치 도달	없음	· 수출증가율 · 국내신용 · GDP
위기등급	위기 예보	위기 경보	위기 발동	정상	위기 전단계

2016년 10월은 18시 20분.

한국 실물경제가 위기 단계 진입을 눈앞에 두고 있다. 내수·수출·고용 동시 급락에 따른 구조적 저성장(Secular Stagnation) 우려 탓에 위기의 시계 시침이 급박하게 움직이고 있다. 이 위기의 시계 모형은 그라시엘 카민스키 조지워싱턴대 교수가 개발한 위기예측분석법을 응용해 만든 것이다. 대한민국은 현재 저녁을 향해 가고 있다. 위기의 시계는 외환위기 당시인 1997년 4분기와 동일한 상황(실제 위기 발동 단계)에서 24시를 가리키고, 가장 안정된 상태에선 바늘이 한낮인 12시를 향하도록 설계돼 있다. 바늘이 19시부터 21시 사이에서 움직이면 경제 위기가 닥칠 가능성이 높아지는 위기 예보, 21~23시 구간은 위기 경보, 23~24시는 위기 발동 단계다.

분석 결과 실물과 금융 부문을 아우르는 전체 위기 시계는 15시 15분을 가리키고 있다.

2009년 4월 글로벌 금융위기 상황에서 23시 15분으로 24시에 근접했던 위기의 시계는 2009년 19시 15분, 2012년 18시 21분으로 꾸준한 하락세를 보이며 금융위기 이후 가장 낮은 수준에 이르렀다. 2017년 1월 말 3,740억 4,000만 달러에 달하는 외환보유액과 고공행진 중인 국가신용등급 덕분이다. 실제로 금융 부문 위기의 시계는 한낮을 갓 지난 14시 15분에 불과하다.

그러나 금융 부문을 떼고 실물경제만 살펴보면 상황은 딴판이다. 실물 부문 위기의 시계는 18시 20분을 가리키며 금융 부문에 비해 무려 4시간이나 앞서 가는 것으로 분석됐다. 장밋빛 금융 부문 지표가 착시현상을 일으키는 셈이다. 2016년 3분기 실질 국내총생산(GDP) 성장률은 한국 경제의 초라한 민낯을 반영했다. 한국은행은 3분기 실질 GDP가 전기 대비 0.7% 성장했다고 밝혔다. 얼핏 양호한 수치로 보이지만 속내를 뜯어보면 부동산 과열과 폭염에 근거한 깡통 성장이었다는 진단이다. 지출 항목별로 보면 건설투자의 성장기여도가 0.6%포인트로 가장 높다. 경제활동별로도 누진제 효과로 인한 전기·가스·수도 사업 부문의 폭발적 증가(6.9%)가 성장을 견인했다.

2017년 2월 현재는 더욱 악화된 상태다. 그리고 2017년 말에는 더더욱 악화될 조짐이다. 2017년 2월 한국개발연구원(KDI)이 전문가 18명을 대상으로 실시한 '2017년 1분기 경제 전망 설문조사'에서 전문가들은 2017년 경제성장률을 2.4%로 전망했다. 2016년 4분기 조사에서 제시한 2.5%보다 0.1%포인트 낮은 수준이다. 이는 정부와 한국은행이 각각 제시한 2.6%, 2.5%보다 낮은 수준이다. 특히 소비심리 위축으로 내수 둔화가 우려되는 가운데 제조업 침체가 지속될 가능성이 높다. 한국은행의 소비자심리지수는 2017년 1월 93.3으로 2016년 12월보다 0.8포인트 하락했다. 글로벌 금융위기 직후인 2009년 3월(75.0) 이후 7년 10개월 만에 최저치인 것이다. 2016년 12월 제조업 취업자 수는 1년 전과 비교해 11만 5,000명 줄며 2016년 7월(-6만 5,000명) 이후 계속 감소세다. 수출도 비상이다. 미국 트럼프 정부의 정책 불확실성이 높아지면서 경상수지 흑자 전망치가 2016년 986억 8,000만 달러에 비해 줄어든 800억 달러로 하락할 전망이다. 구조적 저성장 국면이 이어지는 'L자형' 성장 지체 현상이 도드라지고 있는 셈이다.

'경제위기 무통각증'에 걸린 한국

'비전상실증후군' 한국, 끓는 물속 개구리 신세

"미국은 삶은 개구리가 되는 길을 걷고 있는가." 노벨상을 받은 폴 크루그먼 미국 뉴욕시립대 교수가 2009년 7월 〈뉴욕타임스〉에 기고한 칼럼 '개구리를 삶고 있다(Boiling the Frog)'의 첫 문장이다. 2008년 글로벌 금융위기를 미국 정부와 연방준비제도(Fed)의 천문학적인 돈 풀기로 넘겼지만 앞으로 더 큰 위기가 닥칠 수 있다는 경고였다. 펄펄 끓는 물속에 들어간 개구리는 곧바로 뛰쳐나와 목숨을 건지지만, 서서히 뜨거워지는 물속의 개구리는 위기인지 모르다 결국 죽는 것처럼 말이다.

정부, 대규모로 돈 풀기 나서지만 성장률은 계속 떨어지고

정부 재정 적자 규모 (단위:조 원)

43.2
38.0
21.1
13.5

2009년 2011년 2013년 2015년

*관리재정수지 적자규모   자료=기획재정부

국내총생산 성장률 (단위:%)

3.7
2.9
2.6
0.7

2009년 2011년 2013년 2015년

자료=한국은행

기업, 10대 주력산업만 키우다 중국 휘청하니 수출 뒷걸음

전체 수출 중 10대 주력산업 비중 (단위:%)

86.3
78.1
67.5
55.9

1980년 1990년 2000년 2014년

자료=현대경제연구원

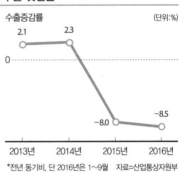

수출증감률 (단위:%)

2.1   2.3
0
-8.0   -8.5

2013년 2014년 2015년 2016년

*전년 동기비, 단 2016년은 1~9월   자료=산업통상자원부

가계, 버는 돈 비해 빚 더 빨리 늘며 해가 갈수록 지갑 안 열어

가계 가처분소득 대비 가계부채 비율 (단위:%)

147.5
143.7
136.4
133.9

2013년 2014년 2015년 2016년

*2016년은 2분기 기준   자료=제윤경 의원실·한국은행

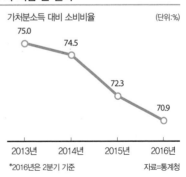

가처분소득 대비 소비비율 (단위:%)

75.0
74.5
72.3
70.9

2013년 2014년 2015년 2016년

*2016년은 2분기 기준   자료=통계청

이 경고는 7년 뒤 미국이 아닌 한국에서 현실화되고 있다. 정부, 기업, 가계가 마치 서서히 뜨거워지는 물속에서 대책 없이 머무는 개구리처럼 닥쳐오는 위기를 외면하고 있기 때문이다. 한국을 B급 국가로 끌어내리는 또 다른 바이러스, '비전상실증후군(Boiled Frog Syndrome)'의 실상이다.

외환위기가 닥친 직후인 1998년에 들어선 김대중 정부는 국가의 모든 자원을 경제 위기 극복에 동원했다. 특히 경기 방어를 위해 당시 국내총생산(GDP) 4.7%에 육박하는 약 25조 원의 적자재정을 편성했다. 다음해도 대규모 돈 풀기는 이어졌고, 이후 한국 경제는 완연한 회복세에 접어들었다.

2008년 글로벌 금융위기가 터졌을 때도 정부 대응은 비슷했다. '대규모 나랏돈 풀기=성장률 끌어올리기' 공식을 그대로 답습했다. 2009년 이명박 정부는 GDP의 3.8%에 달하는 43조 2,000억 원 적자재정을 편성했다. 하지만 정부 지출 효과는 외환위기 때와 달랐다. 비록 2010년 6.5% 성장으로 반짝 반등하는 데 성공했지만 이듬해인 2011년에는 3.7%로 주저앉았다. 그리고 2014년(3.3% 성장)을 제외하면 2012년 이후 한 번도 '마의 3%' 벽을 넘지 못했다.

박근혜 정부가 들어선 후 4년 동안 세 번이나 추가경정예산(추경)을 편성할 만큼 정부는 돈 풀기에 집중했다. 정부는 2016년 하반기에도 추경을 포함해 두 번의 돈 풀기(재정보강) 대책을 내놨다. '한 번 경기가 고꾸라지면 회복하기 힘들다'는 논리가 작용했다. 과거의 성공방식을 그대로 따른 셈이다. 반면 고통이 따르는 구조개혁은 지지부진했다. 안

재욱 경희대 경제학과 교수는 "정부 지출을 늘리면 민간투자 재원이 줄어드는 '구축효과'가 발생하기 마련"이라며 "노동시장 개혁과 관치 경제 청산을 통해 상시적으로 구조개혁이 일어나도록 해야 활로가 보일 것"이라고 조언했다.

기업들도 '서서히 죽어가는 개구리'였기는 마찬가지다. 1970~1980년대 중화학공업 정책으로 쾌속성장을 해왔던 한국 기업들은 창의와 혁신 대신 '규모의 경제'와 기존 기술의 고도화 개발에만 몰두했다. 정부도 이 같은 산업정책을 수십 년째 밀어붙였다. 그 결과는 '10대 주력 산업에 대한 과도한 집중도'였다. 현대경제연구원에 따르면 전체 수출 가운데 10대 주력산업 비중은 1980년 55.9%에서 2014년 86.3%로 높아져만 갔다. 뒤늦게 정부가 창의와 혁신이 주입된 신산업을 적극 육성한다지만, 과거 제조업에 인력과 자본이 집중된 기업들이 발 빠르게 움직이기 쉽지 않다는 지적이 만만치 않다.

가계 역시 미래가 암담한 상황이다. 지난 수십 년간 한국 가계의 성공비결은 '내 집 마련'이었다. 고도성장기 '내 집 마련'은 중산층 진입 티켓으로 여겨졌다. 이로 인해 한국의 60대 이상 가구의 전체 자산 중 부동산 비율은 약 74%로, 절반 이하인 일본 등에 비하면 월등히 높다.

노후 대비용으로 가진 건 집뿐이고, 번 돈은 담보대출 이자로 나가다 보니 가계 삶의 질이 점점 팍팍해지고 있다. 2012년 77.1%에 달했던 평균소비성향(가처분소득 대비 소비금액)은 2016년 71.1%로 떨어졌다. 사상 최저치다.

장밋빛 지표 뒤 감춰진 가시

한국 경제 관료들이 구조개혁을 미루는 것은 숫자로만 봐서는 아직 튼튼해 보이기 때문이다. 외환보유액, 국내총생산(GDP), 국제신용등급 등 모든 지표가 사상 최고 수준이다. 경제부처 관료들이 "한국 경제는 아직 안전하다"고 외치는 이유다. 하지만 숫자는 때때로 진실을 감춘다. 1997년 외환위기 2~3년 전이 딱 그랬다. 장밋빛 경제지표 뒤에 숨겨진 리스크 요인을 짚어보며 '반면교사'를 생각한다.

① 외환보유액 8위 = 불황형 흑자로 인한 외화 유입 때문

2017년 1월 기준 한국의 외환보유액은 약 3,740억 달러로 세계 8위 규모다. 문제는 금융위기 때 안전판 역할을 하는 외환보유액의 토대가 매우 불안정하다는 것이다. 미국 기준금리가 올라가고 국제유가가 정상화하면서 경상수지 흑자폭이 줄어들 경우 외환보유액 유지비용이 크게 늘어날 수 있다. 또 정작 위기 발생 시엔 외환보유액이 무너질 수 있다. 중국이 2016년 위안화 가치 하락을 막으려 퍼부은 외환보유액만 3,000억 달러가 넘었다는 사실이 이를 방증한다.

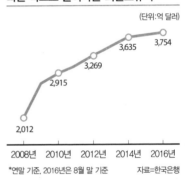

빠른 속도로 늘어나는 외환보유액

(단위:억 달러)

2,012 / 2,915 / 3,269 / 3,635 / 3,754

2008년　2010년　2012년　2014년　2016년

*연말 기준, 2016년은 8월 말 기준　　자료=한국은행

② GDP 규모 11등 = 수출 비중 높아 보호무역 확산 땐 위태

국제통화기금(IMF)에 따르면 2015년 한국 GDP는 1조 3,768억 달러로 세계 11위를 기록했다. 이는 한 해 전인 2014년 13위였던 것에 비해서 2계단이나 상승한 수치다. 국제유가 하락으로 호주와 러시아 경제가 뒷걸음질하면서 나타난 '어부지리' 효과였다. 한 국책연구기관 연구원은 "모두가 뒤로 달리기 경

7년간 GDP 성장률 한국 30위 불과

(단위:%·위)

아이슬란드	45.2(1)
미국	26.8(10)
이스라엘	25.8(12)
그리스	23.3(18)
독일	21.1(21)
일본	18.7(27)
영국	18.4(29)
한국	18.3(30)
이탈리아	15.2(34)

*괄호 안은 순위   자료=국제통화기금

주를 하고 있는 상황에서 그나마 덜 뒤로 달린 결과"라고 밝혔다. 문제는 미래가 그다지 밝지 않다는 데 있다. IMF가 선진국을 대상으로 한 2015~2021년 성장률 통계에 따르면 경제협력개발기구(OECD) 소속 국가를 포함한 39개국 중 한국의 성장률 전망치(18.3%)는 30위를 기록했다.

③ 국가신용등급 G7 = 빚 갚을 능력 위주… 종합 성적표 아냐

2016년 8월 세계 3대 신용평가기관 스탠더드앤드푸어스(S&P)가 한국 국가신용등급을 AA−에서 AA로 상향 조정했다. 2015년 9월 등급 상향에 이어 11개월 만에 이뤄진 '깜짝' 조정이었다. 앞서 2015년 말 무

국가 신용도는 세계 7위권

등급	무디스	S&P	피치
AAA(Aaa)	미국, 독일, 캐나다, 호주, 싱가포르	독일, 캐나다, 호주, 싱가포르, 홍콩	미국, 독일, 캐나다, 호주, 싱가포르
AA+(Aa1)	영국, 홍콩	미국	홍콩
AA(Aa2)	**한국**, 프랑스	**한국**, 영국, 프랑스, 벨기에	영국, 프랑스, 벨기에
AA-(Aa3)	중국, 대만, 칠레, 벨기에	중국, 대만, 칠레	**한국**, 사우디아라비아

자료=기획재정부

디스도 Aa2로 한 단계 올렸다. 신용평가등급으로 따지면 미국, 독일, 캐나다, 호주 등에 뒤이어 한국이 'G7' 또는 'G8'인 셈이다. 하지만 신용등급이 한국 경제를 평가하는 '절대 가치'는 아니다.

전성인 홍익대 경제학부 교수는 "비유하자면 '돈을 못 벌어도 재산만 많이 쌓아놓고 있으면' 국가신용도는 높게 나올 수 있다"고 지적했다. 특히 최근을 제외하고 해외 신용평가사가 한국 등급을 가장 높이 올렸던 때가 1997년 외환위기 직전이었다는 점은 시사하는 바가 크다.

④ 고용률 조금씩 개선 = 노후 대비 없는 노인들 일 나선 탓

2016년 8월 고용률은 전년대비 조금 높아져 61%를 기록했다. 고용률이 개선되는 모양새를 보이자 경제 관료들은 "박근혜 정부 일자리 정책의 효과"라며 홍보했다. 하지만 얼핏 개선돼 보이는 고용률에는 두 개의 '가시'가 숨어 있다. 우선 청년고용률과 노인고용률이 엇비슷하다는 점이다. 2016년 8월 15~29세 고용률은 42.9%를, 60세 이상 고용

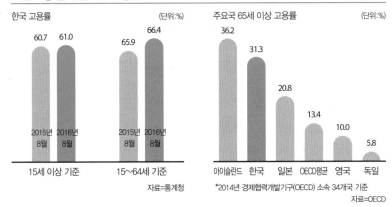

노인 고용 늘어 높아진 고용률

한국 고용률 (단위:%)

60.7	61.0	65.9	66.4
2015년 8월	2016년 8월	2015년 8월	2016년 8월
15세 이상 기준		15~64세 기준	

자료=통계청

주요국 65세 이상 고용률 (단위:%)

36.2	31.3	20.8	13.4	10.0	5.8
아이슬란드	한국	일본	OECD평균	영국	독일

*2014년 경제협력개발기구(OECD) 소속 34개국 기준
자료=OECD

률은 41.1%를 기록했다. 청년들은 제대로 된 일자리를 찾지 못하고, 오히려 은퇴해야 할 노인들은 노후 준비가 안 돼 어쩔 수 없이 일을 해야 한다. 또 다른 나라와 비교해 보면 한국 고용률 개선세가 오히려 뒤처진다는 점이다.

⑤ 넘치는 유동성 = 가계소비 안 늘어나고 기업 투자 줄어

저금리시대가 길어지면서 금융권에서는 1,000조 원에 가까운 자금이 투자처를 찾아 떠돌고 있다. 문제는 기업 투자가 뒷걸음질하고 있다는 점이다. CEO스코어에 따르면 2016년 상반기 국내 30대 그룹 소속 267개 계열사의 유·무형 자산 투자액은 28조 7,069억 원으로 2015년 상반기에 비해 무려 28%나 줄었다. 1,300조 원을 육박하는 부채에 짓눌린 가계는 지갑을 닫은 상태다. '평균소비성향'은 2006년 1분기

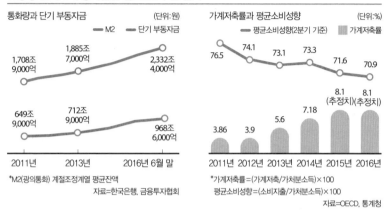

유동성 늘어도 부동자금만 늘고 소비 안 늘어

통화량과 단기 부동자금 (단위:원)
━●━ M2 ━●━ 단기 부동자금

1,708조 9,000억
1,885조 7,000억
2,332조 4,000억

649조 9,000억
712조 9,000억
968조 6,000억

2011년　　2013년　　2016년 6월 말

*M2(광의통화) 계절조정계열 평균잔액
자료=한국은행, 금융투자협회

가계저축률과 평균소비성향 (단위:%)
━●━ 평균소비성향(2분기 기준)　▨ 가계저축률

76.5　74.1　73.1　73.3　71.6　70.9

3.86　3.9　5.6　7.18　8.1(추정치)　8.1(추정치)

2011년 2012년 2013년 2014년 2015년 2016년

*가계저축률=(가계저축/가처분소득)×100
평균소비성향=(소비지출/가처분소득)×100
자료=OECD, 통계청

80.3%에서 2016년 4분기 69.7%로 10%가량 줄었다. 10년 전에는 100만 원을 벌어 80만 원을 썼다면 요즘은 70만 원만 쓴다는 말이다.

한국 경제 5대 리스크

빚에 허덕이는 40대 자영업자(과다부채), 공급과잉 덫에 걸린 제조업(수출급감), 편의점 도시락만 먹는 20대 비정규직(소비침체), 현금만 쌓아놓은 대기업(투자부진), 돈만 푸는 정부(과잉지출). 한국 경제를 위기로 내몰고 있는 5대 거시경제 악순환 고리들이다. 선진국 진입을 가로막는 가장 치명적인 B급 국가 바이러스이기도 하다. 상당수 경제 전문가들은 한국 경제의 성장동력이 급속히 식고 있다고 진단한다. 수출·내수부진으로 실업자가 늘면서 가계소득이 줄고, 이것이 내수침체와 기업활력 저하로 이어지는 악순환에 빠졌다는 지적이다. 그나마 여력이 있는 정부가 재정지출을 늘리고 있지만 효력은 의문이다. 이대로 가다간 3%대 성장은커녕 1%대로 추락할 것이란 경고까지 나오고 있다.

① 저소득 자영업자 갈수록 급증

40대 초반인 A씨는 얼마 전 M피자 프랜차이즈 가게를 접었다. 가게를 운영하려면 계속 빚을 내야 하는 악순환이 벌어졌기 때문이다. A씨는 2008년 은행 대출 2억 원을 포함해 모두 5억 원을 들여 가게를 차렸다. 초기에는 월 매출이 6,000만 원에 달하는 등 수입이 짭짤했다. 덕분에 4년 만에 차입금을 거의 갚을 수 있었다. 하지만 잘나가던 사업이 2013년부터 삐걱거리기 시작했다. 본사가 '3년 재계약' 명목 하에 6년차인 A씨 가게의 리뉴얼(가맹점 재단장)을 강요했기 때문이다. A씨는 재계약을 위해 '울며 겨자 먹기'로 1억 원이 넘는 돈을 투자했다. 설상가상으로 고정비 성격의 임대료와 인건비도 계속 상승했다. 반면 경쟁이 치열해지면서 매출은 줄어들었다. 2016년 초 매출은 월 평균 3,000만 원으로 6년 새 '반 토막'이 났다. 그 사이 빚은 수억 원으로 늘었다.

40대 자영업자가 한국 경제의 가장 약한 고리로 부상하고 있다. 한국은행 보고서에 따르면 2015년 3월 말 기준 가계부채 고위험 집단을 가리키는 한계가구와 부실위험가구는 54만 가구에 달한다. 직업별로 자영업자(34.2%)가 가장 많았고, 연령대별로는 40대(38.5%)가 가장 위험성

부실위험 높은 40대 자영업자

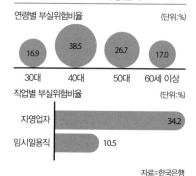

연령별 부실위험비율 (단위:%)

| 16.9 | 38.5 | 26.7 | 17.0 |
| 30대 | 40대 | 50대 | 60세 이상 |

직업별 부실위험비율 (단위:%)

자영업자 34.2
임시일용직 10.5

자료=한국은행

금융위기 이후 수출 증감률

(단위:%)

19
2.1
0
−13.9
−8.5

2009년 2011년 2013년 2016년
1〜9월

*전년 동기 대비   자료=한국무역협회

소득 대비 줄어드는 소비 비중

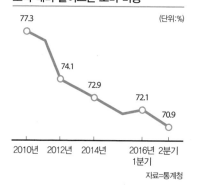

(단위:%)

77.3
74.1
72.9
72.1
70.9

2010년 2012년 2014년 2016년 2분기
                       1분기

자료=통계청

주요 그룹 사내유보금

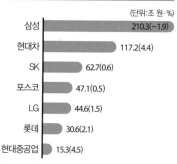

(단위:조 원·%)

삼성	210.3(−1.9)
현대차	117.2(4.4)
SK	62.7(0.6)
포스코	47.1(0.5)
LG	44.6(1.5)
롯데	30.6(2.1)
현대중공업	15.3(4.5)

*2016년 6월 말 기준, 괄호 안은 작년 말 대비 증감률
자료=재벌닷컴

정부 추가경정예산 및 재정 조기 집행률

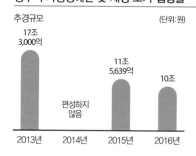

추경규모 (단위:원)

17조
3,000억
편성하지
않음
11조
5,639억
10조

2013년 2014년 2015년 2016년

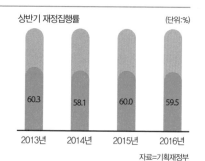

상반기 재정집행률 (단위:%)

| 60.3 | 58.1 | 60.0 | 59.5 |
| 2013년 | 2014년 | 2015년 | 2016년 |

자료=기획재정부

이 컸다.

② 구직난 · 주거비 상승 직격탄

20대는 최악의 구직난과 비정규직 인생으로, 30대는 치솟는 주거비 부담에 쓸 돈 자체가 부족한 실정이다. 10%에 육박할 정도로 역대 최고치 기록을 계속 깬 청년실업률, 20대 신규 채용의 64%를 차지하는 비정규직 비율로 인해 청년층은 소비를 위한 최소한의 여력조차 갖추지 못하고 있다는 분석이다. 전세금 폭등으로 인한 주거비 부담도 돈을 써야 할 20~30대의 소비를 억누르는 주요 요인이다.

인구구조 변화에 따른 소비지형에도 먹구름이 잔뜩 끼어 있다. 이미 생애주기상 소비 비중이 가장 높은 40대 인구가 2011년 정점을 찍은 이후 내리막길을 걷고 있다. 생산가능인구(19~64세)는 2016년 3,704만 명을 정점으로 내리막길을 걷게 된다.

김천구 현대경제연구원 연구위원은 "소비여력을 높이고, 늘어난 소비여력이 저축이 아닌 소비로 이어지도록 해야 한다"며 "미래 불확실성으로 냉각된 소비심리를 자극할 수 있는 정책을 지속적으로 추진해야 한다"고 말했다.

③ 기초체력 안 키워 수출 위기

2016년 수출은 2년 연속 마이너스를 기록했다. 한국의 수출이 2년 연속 감소한 것은 1956년 통계 작성 이래 1957~1958년(-9.7%, -25.9%)

이후 58년 만에 처음이다.

더 큰 문제는 그동안 한국 경제를 지탱해왔던 주력 수출산업의 경쟁력 저하다. 고부가가치화에는 눈을 감은 채 시황에만 매달리는 석유화학 산업이 대표적이다. 지난 30여 년간 '수출 효자' 품목의 자리를 지켜왔지만 이젠 그 믿음에 금이 가고 있다. 석유화학은 조선·해운·철강 등과 함께 정부가 구조조정을 추진하는 '5대 취약업종' 중 하나로 추락했다. 국내 업체들은 세계 최대 석유화학 수입국인 중국을 바탕으로 성장했는데, 중국 경기가 꺾이면서 수요가 줄고 중국 업체의 자체 생산이 늘면서 '샌드위치' 신세가 됐다. 한때 수익성 개선 요인이었던 저유가도 부메랑이 돼 돌아왔다. 이제는 유가 상승만 마냥 기대하고 있는 '천수답' 산업이다. 박정동 인천대 무역학부 교수는 "대기업을 비롯해 한국 사회 모두가 기초기술 투자보다는 '빨리빨리' 외형성장을 이루는 데만 환호하면서 알맹이를 제대로 보지 못했다"고 지적했다.

④ 투자에 인색한 대기업

기업은 사내 곳간에 수조 원을 쌓고, 가계는 은행에서 돈을 빌려 부동산을 사고 소비하는 나라. 'B급 국가 바이러스'로 뒤틀린 한국 경제의 자화상이다. 기업들이 성장잠재력에 직결되는 유·무형자산 투자를 줄이는 가운데 국내 10대 그룹은 수백조 원의 사내유보금을 쌓고 있다. 글로벌 차원의 저성장 국면을 맞아 마땅한 투자처가 없다는 설명이다. 매년 최대치를 경신하는 현금성 자산은 실종된 기업가정신을 방증하는 대표적인 사례이기도 하다.

이런 가운데 국내 주요 기업들은 2016년에 이어 2017년도 투자를 줄일 것으로 보인다. 미국 트럼프 대통령 당선 이후 거세지는 보호무역주의에다 미국 금리인상으로 인한 환율 불확실성까지 겹치고 있기 때문이다.

⑤ 돈만 마구 푸는 정부

소비와 투자가 부진하자 정부는 정부 지출을 통해 이를 보완해 왔다. 박근혜 정권 들어 4년 중 3년은 추가경정예산이 편성됐다. 2017년 정부예산은 처음으로 400조 원을 넘는 '슈퍼 예산'이다. 하지만 시장에서는 정부가 지출을 늘리는 방식으로 경기에 대응하는 데 한계가 있다고 지적한다.

경기 대응에서 정부의 재정 의존도가 높아지면서 '재정 조기집행→재정절벽 우려→추경편성→조기집행'으로 이어지는 악순환의 고리가 굳어지고 있다. 더 큰 문제는 정부 지출이 그만큼의 효과를 내느냐는 것이다. 정부의 심층평가 결과 2016년 25개 부처 196개 일자리 사업에 쏟아 부은 15조 8,000억 원의 비효율이 심각하다는 결과가 나오기도 했다. 사람들이 소비보다는 저축에 나서면서 정부가 돈을 풀면 그 돈이 다른 경제 주체의 소득이 돼 소비와 소득이 연쇄적으로 늘어난다는 '승수효과'도 예전 같지 않다.

"장관들, '내가 책임질 것' 결기 없는 게 위기 원인"

진념 전 재정경제부 장관

"과거 2년 반 동안 경제회복과 구조개혁을 추진하느라 고생이 많았다. 그러나 지금은 위기가 순환한다(CRIC)는 주장에 유의할 필요가 있다."

2000년 11월 국제통화기금(IMF) 관리 체제 조기 졸업을 눈앞에 두었을 당시 진념 재정경제부 장관은 간부회의에서 'CRIC' 경영학 이론을 꺼내들었다. CRIC란 위기 도래(Crisis) 후 경제 주체의 대응(Response)에 따라 상황이 개선(Improvement)된 뒤 자기만족(Complacency)에 빠져 다시 위기(Crisis)가 도래하는 상황을 경고한 경영학의 '위기 재발론'이다.

2000년대 초반 모건스탠리의 일본 담당 이코노미스트가 "일본 위기가 발생한 후 일본 정부나 기업이 적당히 대응해 상황이 개선되면 더 이상 구조개혁을 진전시키지 못하고 안이하게 퍼져 있다가 다시 위기를 맞는 상황이 반복되고 있다"고 경고하면서 CRIC 이론은 유명세를 탔다. 당시 진 장관은 "경제는 우리가 하기 나름이며 개혁을 어떻게 하느냐에 달려 있다고 본다"고 강조했다.

크릭(CRIC) 사이클

Crisis(위기)	Response(대응)	Improvement(개선)	Complacency(자기만족)
· 1997년 외환위기 · 2002년 카드대란 사태 · 2008년 금융위기 · 현재 부동산 과열 및 수출 침체 장기화	· 1998년 금융·기업 등 4대 구조조정 · 2008~2011년 통화스왑 체결 및 확장적 재정	· 1999년 11.3% 성장률 달성 · 2010년 6.5% 성장률 달성	· 1999년 8월 위기극복 선언 · 2016년 한국 신용등급 역대 최고

진념 전 장관은 2016년 매일경제와 전화 인터뷰하면서 당시 CRIC 이론을 강조한 상황을 돌이켜보며 "1999년 외환위기를 완전히 졸업했다고 발표한 것부터 잘못됐던 것"이라고 아쉬움을 드러냈다.

진 전 장관은 "경제성장률이 세계 평균에도 미치지 못하고 저출산·고령화로 인해 청년실업률은 체감상 30%에 달하지만 정부의 경제 현실 인식이 너무 안이하다"고 지적했다. 그는 "전체 지표를 놓고 보면 좋은 면도 있고, 좋지 않은 면도 있지만 종합적으로 분석한다면 우리 경제는 엄청난 위기에 처해 있다"고 말했다.

진 전 장관은 '리더십의 부재'를 문제의 원인으로 꼽았다. 그는 "과거에는 위기를 예단하고 여러 시나리오를 점검하면서 욕을 먹더라도 정책을 선택하고 추진했다"며 "정책 중에 빛과 그림자가 없는 게 없다. 정책 결정을 잘못하면 비난받을 수도 있지만 비난이 무서워 정책 선택을 못한다면 장관이 있을 필요가 없다"고 단언했다.

진 전 장관은 "장관 등 경제 관료들이 액션(행동)을 취할 생각을 하지 않고, 다들 평론만 하고 있다"며 "'내가 책임지겠다'는 결기가 없는 게 위기"라고 비판했다.

기업가정신 잃은 한국, 코브라 패러독스에 빠지다

　로봇인형을 제조하며 부활의 날개를 편 중소기업인 A씨(44)는 13년 전 인생의 나락을 경험했다. 명문 공대 석사, 벤처창업대회 최우수상 수상 등 화려한 이력을 발판삼아 졸업과 동시에 2003년 창업에 나선 A씨는 국내 대기업들과 잇달아 계약을 맺으며 시장의 주목을 받았다. 하지만 그는 이듬해 인수·합병(M&A)을 약속한 기업사냥꾼에게 속아 통째로 회사를 빼앗기고 말았다. M&A 뒤 지분 15%와 경영권을 유지하는 조건이었지만 계약 상대방이 약속을 어겼다. M&A 과정에서 기업사냥꾼은 교묘한 계약을 통해 자산만 인수하고, 부채는 A씨에게 남겼다. 결국 회사를 잃고 신용불량자로 내몰린 그는 취업마저 안 돼 아르바이트를 전전했다. 힘겹게 돈을 모아 3년 만에 신용불량자 딱지를 뗀 뒤 2010년에 재창업에 나섰다.

재기는 쉽지 않았다. 정부가 창조경제 기치를 올리고 창업 열풍이 불었지만, 여전히 실패를 겪은 창업가에 대한 '주홍글씨'는 지워지지 않았다. A씨는 "스타트업에 대한 정부 지원이 늘었지만 지원받는 기업 숫자 늘리기에 치중해 정작 실속은 없는 지원제도가 많았다"며 "민간 자금도 단기에 고수익을 요구해 유치하기가 어려웠다"고 토로했다. 잠재력 있는 기업을 선별해 지원하기보다 실적을 내기 위한 '나눠먹기식' 지원에 치중하고 있다는 지적이다. 그나마 간신히 따낸 금융지원도 1년 단위 단기 대출이 대부분이라 연구·개발(R&D)과 제품생산, 양산화까지 긴 안목으로 진행할 수 없었다.

그는 "정부 지원을 받으면 1년 내내 서류 작업에 매달리다 제대로 된 연구를 진행하지 못하는 경우도 있다"며 "평가항목을 맞추는 데 시간을 허비하게 된다"고 토로했다. 하지만 A씨는 재기에 대한 포부를 잃지 않았다. 그는 "그간 어려운 시기를 겪었지만 조만간 회사가 정상궤도에 오를 것으로 본다"고 자신 있게 말했다. 이런 A씨 사례는 국내 창업 지원과 R&D 정책을 둘러싼 문제점들을 총망라한다.

'창업 버블'에 갇힌 한국

그렇다보니 급증한 창업과 R&D 지원에도 불구하고 성공한 벤처기업을 찾기는 쉽지 않다. "스타가 없다"는 최근 창업 열풍을 바라보는 벤처인업계의 최대 고민이다. 우수 인력을 창업으로 이끌고, 이들의 기업가정신을 고취하기 위해선 '롤 모델'이 될 성공사례가 많아야 하지만 최근 들어 성공한 창업인을 찾기란 하늘의 별따기보다 어려워졌다. 오히려 2016년 창업 1세대의 대표주자인 김정주 NXC 대표가 검찰에 불구속 기소되고, 카이스트 창업 1호로서 창조경제 성공모델로 주목받아온 김성진 아이카이스트 대표가 사기 혐의로 구속되며 오히려 '창업 신화'마저 흔들리고 있다.

'스타 벤처'를 내놓지 못하는 데 대해선 애초에 창업에 뛰어드는 인재의 질이 미국과 다르기 때문이라는 지적이 많다. 스탠포드대 14만 명의 졸업생들은 4만 개의 회사를 창업해 560만 명의 고용을 창출했다. 이 기업들이 1년에 달성하는 매출은 3,000조 원으로 대한민국 국내총

예산 늘지만 성과 적은 R&D·창업 정책

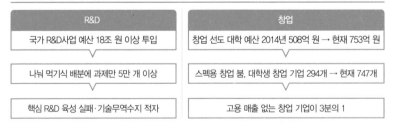

R&D	창업
국가 R&D사업 예산 18조 원 이상 투입	창업 선도 대학 예산 2014년 508억 원 → 현재 753억 원
나눠 먹기식 배분에 과제만 5만 개 이상	스펙용 창업 붐, 대학생 창업 기업 294개 → 현재 747개
핵심 R&D 육성 실패·기술무역수지 적자	고용 매출 없는 창업 기업이 3분의 1

생산(GDP)의 2배가 넘는다. 스탠포드대 학생들 중 30%는 졸업 전에 이미 창업 경험이 있다. 반면 한국은 매년 수십만 명의 젊은이들이 노량진과 신림동에서 각종 공무원 시험에 매달린다.

이러다보니 취업이 안 돼 반강제로 창업에 내몰리거나 취업용 스펙을 쌓기 위한 '불순한' 의도로 창업에 나서는 경우가 상당수다. 안양에서 디지털 사이니지 업체를 운영하는 창업 기업인 B씨는 "솔직히 창업에 나선 상당수 대학생들을 만나보면 제대로 된 아이디어도 없이 무작정 뛰어든 경우가 많다"며 "교육 프로그램에 강사나 멘토로 나가봐도 의욕 없이 형식상 참여하는 학생들이 많다"고 지적했다.

실제로 창업 열풍에 가려진 '창업 거품'으로 인한 착시효과도 큰 것으로 나타났다. 교육부 대학공시 시스템인 대학알리미를 분석한 결과 대학(원) 내 창업기업 수는 2014년 294개에서 2016년 4월 말 기준 747개까지 급증했다. 박근혜 정부가 창조경제 기치를 내건 이후 확연히 달아오른 대학 내 창업열기를 방증한다. 신설법인 통계를 봐도 2015년 29세 이하 청년층 창업은 2014년과 비교해 28.3%나 늘었다. 30대(7.9%), 40대(7.9%), 50대(11.7%)보다 최고 3배가량 높다. 창업에 돈이 몰리며 벤처펀드 조성액도 2016년 상반기 1조 6,682억 원으로 사상 최대치를 기록했다. 중소기업청의 창업선도대학 지원 예산도 2014년 508억 원에서 2016년 753억 원까지 늘었다.

하지만 양이 아닌 '질'을 보면 상황은 암울하다. 대학 창업 기업 당 매출액은 2014년 2,429만 원에서 2016년 4월 기준 1,112만 원으로 급락하는 추세다. 747개 기업 중 매출액이나 고용 창출이 있는 기업은 475곳에 그쳤다. 63%가 실적이 없는 셈이다. 사업성 평가를 통해 우량 스타트업에 집중하는 대신 '나눠먹기식' 창업도 횡행하고 있다. 대학생은 취업 스펙을 맞추고, 대학은 취업률을

스펙용 창업 열풍… 대학생 창업 늘었지만

■ 창업 기업 수(개)
■ 기업당 매출액(만 원)

2014년: 294 / 2,429.7
2015년: 277 / 1,893.2
2016년: 747 / 1,112.1

*2016년 4월 말 기준   자료=중소기업청, 대학 알리미

높일 수 있어 이해관계가 맞아떨어지기 때문이다. 하반기 창업진흥원의 창업선도대학 모집 공고를 봐도 최고 지원액은 7,000만 원에 불과하다. 그렇다보니 대학 창업 기업 한 곳당 평균 지원금액은 4,472만 원에 달하지만 이들의 고용창출능력은 평균 0.8명에 불과했다.

정책자금 지원을 위한 심사위원을 맡고 있는 벤처기업 C대표는 "우수 창업을 고를 능력이 부족하다보니 '선택과 집중' 대신 나눠먹기식으로 자금지원이 이뤄지고 있다"며 "창업 지원을 신청하는 대학생 중 실제 창업을 목표로 하는 비중은 절반이 안 될 것 같다"고 말했다.

'데스밸리' 넘지 못하는 국내 스타트업

'옥석 가리기' 없이 나눠먹기식 자금지원이 이뤄지다보니 정작 우량

스타트업이 자금난에 처하는 일이 비일비재하다. 결국 이들 창업가들은 울며 겨자 먹기 식으로 은행 창구를 두드리게 되고, 대출 받아 창업에 나섰다가 창업 실패로 인해 '신용불량'의 주홍글씨만 안게 되는 악순환이 계속되고 있다. 김보경 무역협회 국제무역연구원 연구위원은 "'투자→창업→성장→자금회수→재투자·재창업'의 선순환 생태계를 갖추지 못한 창업 구조가 문제"라고 지적했다. 김병관 더불어민주당 의원이 2016년 국정감사를 앞두고 중소기업진흥공단에서 제출받은 '청년 전용 창업자금 약정해지 현황'에 따르면 청년들이 공단에서 창업자금을 대출받고 상환하지 못해 약정이 해지된 건수가 3년 새 3배나 늘었다. 2013년에는 80건이 약정해지됐지만, 2015년에는 221건으로 급증했다. 금액도 같은 기간 44억 원에서 124억 원으로 늘었다.

반면 창업 실패를 투자자와 나눌 수 있는 '엔젤투자'는 한국에서는 왜소한 수준을 벗어나지 못하고 있다. 중소기업청에 따르면 2015년 말 기준 엔젤투자를 한 차례라도 받은 기업은 295개로 전체 신설법인(9만 3,768개)의 0.3%에 불과하다.

정부도 창업자 연대보증 폐지, 기술 금융 확대 등 대책을 내놓고 있지만 아직까지 현장 체감도는 낮다. 고영하 한국엔젤투자협회장은 "정부 정책에도 불구하고 여전히 은행 창구에선 창업자의 기술을 평가하는 대신 창업자에게 담보와 보증을 요구하는 관행이 유지되고 있다"며 "모든 책임이 창업가에게 넘어가는 한국 창업구조 하에서는 도전과 재도전의 선순환이 불가능하다"고 질타했다. '벤처 1세대'인 이민화 카이스트 초빙교수는 "한국에선 창업 성공에 대한 보상은 작고, 페널티는 무한한 구조"라며 "실패한 창업가들이 신용불량의 주홍글씨를 달고 숨어 살아야 하는 '반혁신적' 제도가 청년층을 공무원 시험장으로 내몰고 있다"고 말했다.

사업이 궤도에 올라도 투자자금을 회수할 길이 막혀 있는 점은 더욱 큰 난제다. 미국과 같은 M&A '대박'이 없다. 벤처캐피탈 협회에 따르면 2014년 기준 투자회수에서 M&A가 차지한 비중은 2.1%에 불과하다. 특히 2016년에는 100억 원 이상의 가격에 M&A된 유망 스타트업이 한 곳도 없다. '김기사 앱'으로 유명한 록앤롤이 2015년 다음카카오에 지분 100%를 넘기고 626억 원을 받은 게 인구에 회자되는 마지막 스타트업 M&A다.

대한상공회의소가 2017년 2월 내놓은 〈창업 생태계 보고서〉에 따르면 창업 후 3년을 버틴 스타트업은 전체 기업의 38%에 불과했다. 스타트업 10곳 중 6곳 이상은 3년을 채 넘기지 못한다는 뜻이다. 이같은 생존율은 경제협력개발기구(OECD) 회원국 가운데 조사대상이 된 26개국 중 25위로 사실상 꼴찌에 가깝다. 스웨덴(75%), 미국(58%), 독일(52%) 등 선진국과는 큰 격차를 보였다. 보고서는

벤처기업 3년 생존율 국제비교

(단위:%)

75 스웨덴 59 영국 58 미국 54 프랑스 52 독일 38 한국

*미국은 2013년 기준
자료=OECD Entrepreneurship at a glance 2015

또 "미국 나스닥 상장에는 6.7년이 걸리지만, 코스닥 상장은 평균 13년이 걸린다"며 "법인 사업자의 80% 이상이 10년 내 문을 닫는 상황에서 13년을 기다리는 투자자를 찾기는 어렵다"고 질타했다.

그렇다보니 새로운 창업 전성시대지만 정작 '성공신화'는 나오지 않고 있다. 정부는 매년 매출액 1,000억 원을 넘은 벤처기업을 '1,000억 벤처'라는 이름으로 묶어 발표하고 있다. 2015년 말 기준 '1,000억 벤처'에 오른 기업은 474개 사. 하지만 이 가운데 2010년 이후 창업 기업은 13곳에 불과하다. 그나마도 2,000억 원이 넘는 매출을 올린 곳은 소셜커머스 업체인 위메프 1곳뿐이다. 2010년 이후에만 샤오미, DJI 등 글로벌 기업을 내놓은 중국과 대비된다. 정유신 서강대 교수는 "크라우드펀딩을 비롯해 창업을 위한 자금조달 경로를 다양화하기 위한 정부의 제도적 노력이 필요하다"며 "M&A 확대를 위한 세제 지원 강화와 상장 기간 단축 등에도 공을 들여야 한다"고 말했다.

이런 현실을 반영한 듯 기업가정신을 보여주는 지표에서 한국은 여전히 주요국 기준 하위권을 맴돌고 있다. 세계기업가정신발전기구(GEDI)가 매년 발표하는 '글로벌기업가정신지수(GEI, Global Entrepreneurship Index)'에서 한국은 전체 132개국 가운데 27위를 차지

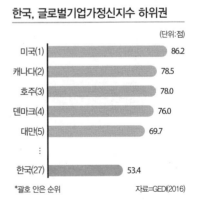

한국, 글로벌기업가정신지수 하위권

(단위:점)

미국(1)	86.2
캐나다(2)	78.5
호주(3)	78.0
덴마크(4)	76.0
대만(5)	69.7
⋮	
한국(27)	53.4

*괄호 안은 순위   자료=GEDI(2016)

했다. 하지만 경제협력개발기구(OECD) 35개 회원국만 놓고 보면 중하위권인 22위로 처진다. GEI는 태도(국민 창의성), 제도(법·규제) 등을 기초로 기업가정신 수준을 평가한 지수다.

코브라 패러독스에 빠진 한국

국가 R&D 지원정책도 창업지원과 마찬가지 문제를 안고 있다. 영락없이 '코브라 패러독스'에 빠진 모습이다. 코브라 패러독스란 문제 해결을 위한 미봉책이 예상치 않은 부작용을 초래하거나 사태를 악화시키는 것을 가리킨다. 19세기 영국이 인도를 지배할 당시 독사인 코브라 개체수가 늘어나자 이를 해결할 방법으로 코브라를 잡아오는 인도인에게 보상금을 지급했는데, 오히려 보상금을 노린 인도인들이 코브라를 집집마다 키우면서 개체수가 더 늘었다는 역설에서 유래한 말이다.

현대경제연구원과 공동으로 '국가 R&D 사업 예산 및 과제 수 추이'를 분석한 결과 연구비 총액은 2002년 4조 6,984억 원에서 2015년 18조 8,747억 원으로 4배 증가했다. 같은 기간 과제 건수도 2만 3,116개에서 5만 4,433개로 2배 이상 증가했다. 물가상승률을 감안할 경우 과제당 연구비는 지난 13년간 2억 300만 원에서 2억 8,500만 원으로 늘어나는 데 그쳤다는 계산이 나온다. 더욱이 5만 개가 넘는 R&D 사업을 관리할 수 있는지도 의문이다.

GDP 대비 R&D 투자 비중으로 봐도 마찬가지다. 지난 2014년 기준 한국의 R&D 투자 비중은 4.3%로 세계 1위다. 심지어 이스라엘(4.1%)이나 미국(2.7%)보다도 높다. 이 가운데 공공 R&D 예산은 2000년 3조 8,000억 원에서 2016년 19조 1,000억 원으로 6배 가까이 늘었다. 하지만 R&D 지원에 대한 전문성이나 안목 없이 현금살포식, 나눠주기식 예산 지원에 집중하다 보니 정책효과를 기대하기 어려운 소액 예산 지원만 늘어나고 있다. 2013년 기준 지원금이 채 5,000만 원에도 미치지 못하는 과제건수는 31.8%에 달한다. 정부가 R&D를 육성한다면서 관련 예산을 집중적으로 늘렸지만 결국 '나눠 먹기'에 그쳤다는 분석이다. 상황이 이렇다보니 많은 돈을 쏟아 붓고도 국가 잠재성장률에서 기술경쟁력이 기여하는 부분은 오히려 추락했다. 기술무역수지는 2012년 이후 줄곧 50억 달러 이상 적자다.

더욱이 '선택과 집중' 없이 R&D 과제만 늘면서 상위 7개 정부 출연 연구기관의 연구원 1인당 과제만 평균 6건, 최대 34건인 경우도 있는 것으로 나타났다. 연구보다는 서류작업에만 파묻힌 연구원들이 제대로 된 연구 성과를 낼 리 만무하다. 김경수 더불어민주당 의원이 정부 출연 연구기관 연구원 280명을 대상으로 2016년 국정감사에 앞서 실시한 여론조사 결과 정부 R&D의 가장 큰 문제점으로 응답자 66.8%(187명)가 '정부의 지나친 규제와 간섭'을 꼽았다. 이와 함께 'R&D 컨트롤타워 부재', '과제 기획부터 선정, 평가 과정 불투명성'을 꼽은 의견이 10.4%(29명)로 같았다. 이렇듯 정부 R&D가 질적 개선 없이 몸집만 불

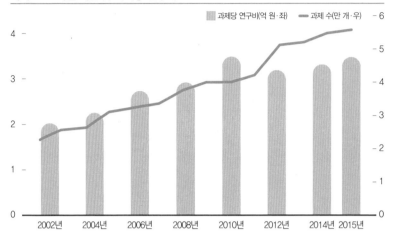

국가 R&D 사업 예산 및 과제당 연구비

리면서 정작 연구에 쓰이는 예산보다 관리비 지출만 늘고 있다. 결국 정부 R&D 사업 성과물의 대다수는 '장롱특허'에 머물고 있다. 산업통상자원부에 따르면 공공연구기관의 기술보유건수는 2014년 말 기준 27만 건을 넘어섰지만, 이 가운데 민간에 사업을 위해 기술 이전된 건수는 8만 5,000건에 불과했다.

이런 상황에서 정부 R&D 연구결과가 실제 사업으로 자연스럽게 이어질 리 만무하다. 현대경제연구원에 따르면 정부 R&D 사업 결과 기술적으로는 90% 이상이 성공을 거두고 있지만, 정작 사업으로 이어지는 비율은 20% 남짓이다. 특히 R&D 연구 지원예산의 65%가 몰리는 대학과 연구소의 사업화 비율이 고작 4.4%에 불과하다는 점이 치명적이다. 오히려 과도한 정부 주도 사업으로 인해 민간영역의 R&D만 위축시키는 결과를 낳고 있다는 비판마저 제기된다.

주원 현대경제연구원 경제연구실장은 "결국 국가R&D 사업은 시장 실패를 보완하는 한편, 민간 영역과의 시너지를 낼 수 있도록 해야 한다"며 "질적 수준 제고를 위해 프로젝트 선정에 역량을 집중해야 한다"고 말했다.

창업에서도 한국 앞서는 중국

2016년 10월. 베이징 하이디엔취 중관춘에 있는 창업거리(創業大街). 200미터 남짓한 이 거리에는 창업인큐베이터 역할을 하는 창업카페와 엔젤펀드, 법률자문사 등 약 50개에 달하는 창업지원기관이 미래의 '마윈'을 꿈꾸는 젊은이들을 흡수하고 있다. 거리가 조성된 2014년 6월부터 불과 2년이 조금 지났지만, 벌써 이 거리에서만 1,100개에 달하는 스타트업이 창업에 나섰다. 이 가운데 규모가 큰 약 500개 스타트업이 유치한 투자자금은 35억 위안(약 6,000억 원)에 달한다. 창업 카페인 처쿠카페에서 만난 장웨이양 씨(23)는 "아이디어만 있으면 얼마든지 창업에 도전할 수 있는 환경"이라며 "국유기업만 바라보던 대학생들의 취업관도 바뀌고 있다"고 귀띔했다. '예비 창업자'라고 스스로를 소개한 대학생 린강 씨(22)도 "비슷한 나이의 젊은이들이 자신감을 갖고 창업을 준비하는 모습을 보니 자극이 된다"고 말했다.

저성장·저금리·저소득의 '뉴 노멀' 시대를 맞아 전 세계는 창업에서 신성장동력을 찾고 있다. 치열한 글로벌 경쟁으로 미래 먹거리가 마땅치 않자 스타트업 기업을 집중 육성해 이들의 도전 정신과 창의성을 제조업, 서비스업 등 전 산업으로 확산시키자는 경제 철학이다.

특히 리커창 총리 취임 직후인 2014년 '대중창업 만인혁신(大衆創業 萬人革新)' 구호를 높인 중국은 창업규모와 속도에서 벌써 한국을 앞질렀다. 중국 정부는 600억 위안(약 10조 원)을 내놓는 통 큰 지원으로 1위안(약 165원)만 있어도 창업을 할 수 있도록 제도를 정비했다. 또한 그해 3월 전국인민대표대회에서 최소 3만 위안(약 500만 원)~최대 500만 위안(약 8억 2,875만 원)이라는 등록자본금 규정과 현금출자 비중 최소 30%라는 문턱 조항을 단숨에 삭제했다. 또 창업에 걸리는 시간을 종전 1개월에서 3일로 단축시키고, 26종에 달하는 관련서류도 현재 절반으로 줄였다.

정책의 백미는 투자 유인책이다. 스타트업 기업이 은행 대출에 의존했다가 실패할 경우 재기가 불가능한 점에 착안해 정부가 스타트업 투자자의 손실 일부를 보전해준다. 이 같은 지원책에 힘입어 이미 중국 전역에서 444만 개 스타트업이 창업에 뛰어들었다.

'스타 기업'도 잇따라 등장하고 있다. 기업가치가 10억 달러를 넘는 벤처기업을 뜻하는 '유니

중국 베이징 중관춘의 창업카페 처쿠

콘 기업'도 이미 35개에 달한다. 중국 부호 1위부터 30위 중 29명이 창업자인 점도 중국 청년들을 창업 열기에 빠져들게 하고 있다. 마윈 알리바바그룹 회장, 리옌훙 바이두 회장 등은 최근 한국에서 찾을 수 없는 '창업 부자'다.

그렇다보니 창업과 재도전에 임하는 마음가짐이 한국과 다르다. 중소기업청의 2015년 조사 결과를 보면 중국 창업가의 평균 실패 횟수는 2.8회인 반면 한국은 1.3회에 불과했다. 또한 한국무역협회가 2015년 말 대학생 534명을 대상으로 한 설문조사에서 학업이나 취업 대신 창업을 하겠다는 응답자 비중은 중국이 40.8%로 한국(6.1%)보다 7배나 많았다. 또 창업에 관심을 갖고 있는 이유에 대해 '취업이 어려워서'라는 답변은 한국(30.2%)이 중국(10.7%)보다 3배 이상 높았다.

가계부채,
양보다 질이 문제다

한국판 양적완화로 가계 파산 막아라

한국의 가계부채 규모는 2016년 기준 1,344조 원이다. 2015년 1,203조 원에서 1년 만에 140조 원이나 늘어나 기어코 1,300조 원을 돌파했다. 하지만 평소 건강관리를 잘하는 어르신에게 나이는 숫자에 불과하듯, 가계부채 절대 규모 그 자체는 사실 큰 문제가 아닐 수 있다. 중요한 것은 가계가 자신이 감당할 수 있는 부채를 짊어지고 있느냐다. 다시 말해 부채의 질적 구성이 중요하다는 것이다.

최근 통계에 따르면 국내 대출의 60% 이상이 변동금리부 대출이다.

변동금리부 주택담보대출은 시장 금리가 상승하면 매달 이자 상환액 자체가 계속 불어난다. 부동산 시장이 하강 국면에 접어들면 '깡통 주택'으로 변질될 위험까지 있다.

1,300조 원을 넘긴 가계부채는 대출금리가 올라가면 취약계층부터 부실 도미노로 이어질 수 있다. 부실가구의 주택 매물이 쏟아질 경우 저금리로 계속 늘어난 악성 가계부채가 파산에 내몰릴 수밖에 없다. 금융권에서는 안심대출로 갈아타지 못한 80만 가구와 2금융권 가계부채를 더한 200조 원 상당을 상환 능력이 없는 부실 가계부채로 추산한다.

조규림 현대경제연구원 선임연구원은 이에 대해 "담보로 잡힌 주택으로 일부라도 회수할 수 있는 금융기관과 달리, 부동산 가격 폭락이나 금리 급등의 위험에 고스란히 노출된 것은 가계"라며 "그중에서도 일자리가 없고 안정적 소득을 갖추지 못했는데 무턱대고 주택담보대출을 받은 저소득층이나 자영업자들이 위험하다"고 지적했다.

결국 핵심은 금리상승에 취약한 변동금리 상품 위주로 짜인 현재의 가계부채 구조 자체를 바꾸는 것이다. 즉 고정금리에다 원리금 상환을 통해 꼬박꼬박 원금을 갚아나가도록 해서 장기적으로 부채를 줄여나갈 수 있도록 질적 변환을 꾀하는 게 정답이다.

이 때문에 '한국판 양적완화'를 가계부채 대책으로 활용해 파산 직전의 한계가구를 구제해야 한다는 주장이 제기된다. 한국은행의 발권력이나 정부 국채 발행에 따른 재원을 주택금융공사 출자에 활용해 한계가구의 원리금 부담을 낮춰주거나 악성 가계부채를 인수하자는 것이다.

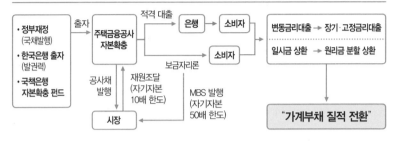

가계부채 질적 전환 시나리오

핵심은 주택금융공사의 자본 확충이다. 당초 2016년 10조 원을 공급한도로 했던 보금자리론은 2016년 10월 말 11조 4,000억 원을 넘으면서 공사 측이 황급히 중단한 상황이다.

현행 법률상 주택금융공사 법정자본금 한도는 5조 원이지만 납입자본금은 1조 8,316억 원에 불과하다. 당초 2조 원이던 법정자본금 한도를 법 개정을 통해 5조 원까지 늘려 놨지만 추가 자본금 납입이 진행되지 않았다. 공사는 금융채 등 공사채 발행을 통해 자기자본의 10배까지만 시장에 재원을 조달할 수 있다. 또 주택담보대출 인수를 위한 주택담보부증권(MBS) 한도 역시 자기자본의 50배까지다. 보금자리론 공급이 급작스레 중단된 까닭은 결국 주택금융공사의 자본 여력이 모자랐기 때문이다.

현재 주택금융공사 출자구조를 보면 정부 일반회계 자금이 1조 800억 원으로 전체 자본금의 59%를 차지하고 있고, 6,450억 원에 달하는 한국은행 출자금(35.2%)과 1,066억 원의 국민주택기금(5.8%)으로 구성된다. 다시 말해 정부나 한국은행이 주택금융공사 자본 확충에 나서면 보금자리론 등 정책금융 여력을 늘릴 수 있게 된다.

정부 한 관계자는 "기존 보금자리론은 1가구 1주택자 또는 무주택자의 경우 9억 이하의 주택을 구입할 경우 누구나 지원이 가능하다는 장점이 있다"며 "부부 합산 연소득 6,000만 원 이하 등 서민층을 위한 디딤돌 대출과는 달리 중산층 대상의 고정금리대출 상품을 현재와 같은 금리상승기에는 오히려 확대해야 한다"고 지적했다.

정부나 한국은행이 자본 확충을 위한 추가 출자를 한 전례도 이미 있다. 2015년 6월 주택금융공사의 안심전환대출 취급에 따라 한은이 2,000억 원의 자본금을 출자한 바 있다. 2015년 8월과 12월에는 정부가 직접 추가경정예산(500억 원)과 도로공사 주식 현물출자(1,500억 원)를 지원했다. 이처럼 가계부채 문제 해결을 위해 한은이 발권력 동원 또는 국책은행 자본확충펀드라는 기존 틀을 활용해 주택금융공사 자본금을 확충하거나, 기획재정부가 예산에 주택금융공사 출자금을 반영해야 한다는 지적이 제기된다.

한은이 공적기관인 주택금융공사에 출자해 상환 능력이 없는 가계 중 희망 가구에 한해 보유 주택을 매입한 뒤 장기로 임대해주는 방식도 거론된다. 예컨대 이 프로그램을 적용하면 10억짜리 집을 담보로 7억 원을 빌린 '하우스 푸어'의 경우 빚을 갚고도 길거리로 내몰릴 걱정이 없다. 거기다 3억 원의 남은 자금으로 추가 소비여력이 발생한다.

다만 이런 지원을 위해선 가계의 도덕적 해이를 막기 위한 '선택과 집중'이 이뤄져야 한다. 임진 금융연구원 연구위원은 "이 자부담 감소 등 가계부채 지 원책은 위기에 처한 가계부 터 순차적으로 이뤄져야 한 다"며 "저신용자 대출, 자영 업자 대출 등 다양한 종류의

가계부채 질적 악화 어떻게 막나

- 보금자리론 등 정책성 고정금리 대출 확대
- 주택금융공사 자본확충(정부 또는 한국은행)
- 은행권, 과도한 대출금리 인상 자제
- 변동금리대출 고정금리 전환 유도
  (상환수수료 면제 등)
- 소득 등 대출 조건 심사 강화
- 부동산시장 안정적 관리

악성 가계부채를 대상으로 우선순위를 매겨 순차적으로 해결해야 효과 를 극대화하면서 정부 부담도 줄일 수 있다"고 밝혔다.

가계부채 대응, 해외에선 어떻게?

세계 각국은 가계부채가 경제 전체에 부담을 주거나 부실화될 때 대 출자들의 채무를 직접 조정하거나 금융 지원 정책을 가동해 위기가 심 화되는 상황을 막으려 했다.

미국은 2009년 2월 버락 오바마 전 대통령이 백악관에 입성한 직후 '담보 대출 조정 프로그램(HAMP, Home Affordable Modification Program)'을 실시했 다. 국가 지원을 받는 금융기관들이 자발적으로 대출 조건을 완화하고 압류를 유예하는 정책으로 전체 주택시장을 안정시킴과 동시에 대출자 의 상환 부담을 낮추자는 취지였다. 오바마 정부는 HAMP를 원활하

게 추진하기 위해 2010년 10월 '대출 원금 감면 정책(PRA, Principal Reduction Alternative)'도 도입했다. 대출 이자뿐 아니라 원금도 자유로이 조정할 수 있게 한 것이다.

HAMP는 2009년 1월 전에 주택담보 대출을 받되 이 대출금이 72만 9,750달러 이하의 대출자를 대상으로 했다. 대출 상환금이 총소득의 31%가 넘지 않게 조정하고, 이자율도 2%까지 내렸다. HAMP는 300억 달러(당시 환율로 약 40조 원) 규모로 시작해 4년 만에 110만 명에게 월 546달러의 조정 혜택이 돌아갔다.

금융사들의 자발적 워크아웃도 진행됐다. 씨티(Citi)그룹은 DTI(총부채상환비율) 40%가 넘는 담보 대출자의 상환 기간을 연장하고 이자율을 내렸다. 이 같은 조치가 부족할 경우 대출 원금을 깎아주기도 했다.

영국은 금융 지원 정책에 집중했다. 2008년 12월 '주택소유자 담보 대출 지원 제도(HMS, Homeowners Support Mortgage Scheme)'를 통해 상환 기간을 최대 2년까지 연장했다. 대출금 40만 파운드(당시 환율 약 8억 7,000만 원) 이하에 금융자산 1만 6,000파운드 이하인 대출자를 대상으로 했다.

2009년부터는 취약계층 특화 제도도 마련했다. '주택담보대출자 구제(MRS, Mortgage Rescue Scheme)'는 압류 위기에 놓인 대출자들을 대상으로 영국 주택협회가 주택 가격을 넘는 대출금을 대신 상환하거나 해당 주택을 정부가 매입하는 프로그램이다. 부동산 소유권을 정부에 넘겨도 살던 집에서 쫓겨나지 않고 낮은 임대료를 내고 거주할 수 있다. '주택담보대출 이자 보조(SMI, Enhanced Support for Mortgage Interest)' 제도도 시행했는

데, 구직급여를 받는 등 안정적이고 넉넉한 현금 흐름이 없는 가계를 대상으로 정부가 최대 20만 파운드의 이자를 지원했다.

싱가포르의 경우 위기가 현실화되기 전에 주택 구매를 억제하는 정책에 중점을 뒀다. 2008년 글로벌 금융위기 이후 2014년 주택가격이 사상 최대로 치솟자 기존 DTI·LTV(주택담보대출비율) 규제 외에 추가 부동산 매입 시 '인지세(Stamp Duty)'를 부과하고, '현금 계약금(Cash Down Payment)'을 인상했다.

김정식 연세대 경제학부 교수는 "거시적으로 금리를 낮게 가져간다면, 미시적으로는 과감하고 적극적인 대책이 필요하다"고 말했다. 익명을 요구한 서울 시내 사립대 교수는 "외국에서 추진한 정책의 장단점을 면밀히 분석하고 장점을 반영한 적극적 대책을 내놓아야 한다"고 했다.

가계부채, 2016년 급속히 질적 악화

매일경제는 민간연구기관 '금융의 창'과 함께 2016년 11월 '가계부채 위험지수(HRI)'를 자체 분석하고 최근 6년 간 가계부채의 질이 얼마나 악화됐는지 들여다봤다. 참고로 가계부채 위험지수는 외환위기 이후 가계부채에 따른 위험의 평균을 100으로 놓고 계산한 지수다. 이 지수가 100을 넘으면 외환위기 이후 평균적인 가계부채 위험을 초과하는 상태라는 뜻이다. 가처분소득 대비 이자지급, 연체율, 비은행 대출

현오석 전 경제부총리(오른쪽)와 신제윤 금융위원장이 2014년 2월 27일 정부서울청사 브리핑룸에서 가계부채 구조개선 촉진 방안을 발표했다.

비율로 구성된 '압박부담'과 가처분소득 대비 가계부채, 금융자산 대비 금융부채, 가계 실물자산으로 구성된 '상환 능력'을 가중 평균해 산출한다.

그 결과 2011년 이후 하향세를 보였던 악성 가계부채 폭발위험이 2016년 들어 빠른 속도로 높아진 것으로 나타났다. 2011년 94.4에서 2015년 68.4까지 가계부채 위험도는 하락세였다. 하지만 2016년 들어서는 86.5로 급등했다.

가계부채 총량은 꾸준한 확장세다. 2011년 861조 원에서 2016년 1,344조 원으로 급증했다. 양적 팽창과 별개로 2015년까지는 저금리와 부동산 활황 덕에 질적 위험도는 오히려 낮아졌다. 하지만 2016년 한 해 동안 상황은 180도 달라졌다. 생계형 가계대출이 급증하고 경기

하락과 주택가격 상승률 둔화 사이클이 맞물리며 가계의 상환 능력이 크게 떨어졌다.

'상환 능력'은 2015년 68.2에서 2016년 88.3으로 뛰어올랐다. 2003년 카드 사태 이후 2008년까지 급증세를 보이다가 저금

가계부채 위험지수 추이

연도	지수
2011	94.4
2012	90.9
2013	92.9
2014	78.5
2015	68.4
2016	86.5

*2008년=100 기준 자료=매일경제, 금융의 창

리 기조와 금융기관의 연체율 관리 덕에 낮아졌던 '압박 부담'도 68.9에서 83.1로 2016년 들어 반등했다.

실제 지표도 악화일로다. 가계의 가처분소득 대비 부채액은 세계 최상위 수준인 1.675배로 치솟았다. 전체 가구의 25%에 달하는 자영업자들이 빌린 '개인사업자 대출'도 숨겨진 폭탄이다. 사업목적 대출이기 때문에 한은 가계신용 통계에는 잡히지 않지만 사실상 가계대출과 비슷한 역할을 하기 때문이다. 한국기업평가가 국내 12개 은행의 업무보고서를 분석한 결과 2016년 6월 기준 은행권 개인사업자 대출액은 185조 5,000억 원에 달했다.

상환 능력이 부족한 고령층 대출이 늘어나는 것도 문제다. 금융연구원에 따르면 60대 자영업자의 소득 대비 부채비율(LTI)은 285%로 가장 높게 나타났다. 대출 잔액이 연소득의 3배에 가깝다는 의미다. 노형식 금융연구원 연구위원은 "60대 이상이 빌린 대출금의 66.2%는 제2금융권 대출이어서 부채 부실화 위험이 높다"고 진단했다.

향후 지수 전망은 더 어두웠다. 미국 기준금리 인상과 트럼프쇼크로 국내 평균 대출금리가 0.25% 오르고 부동산 가격이 1% 내리는 시나리오를 적용할 경우 가계부채위험지수는 세계 금융위기에 육박하는 98.9까지 높아지는 것으로 분석됐다. 특히 상환 능력 위험은 104.2까지 치솟아 악성 가계부채가 금융위기 당시보다 심각할 수 있다는 경고음을 울렸다.

박덕배 금융의 창 대표(전 현대경제연구원 연구위원)는 "정책 당국이 인위적으로 가계대출을 억제하면 제2금융권으로의 쏠림현상만 커진다"며 "가계대출을 가급적 은행이 흡수하게 하는 한편 거시적 총량규제 대신 가계 입장에서 높아진 부채를 지탱할 수 있도록 유도하는 질적 관리에 집중해야 한다"고 말했다. 이어 "결국 가계의 안정적 소득 확보를 위한 고용정책과 주택 시장 변동성을 줄일 수 있는 안정적인 주택정책이 가계부채 근본 대책으로서 함께 이뤄져야 한다"고 했다.

2017년 **살림살이** 더 **나빠질** 것

LG경제연구원 설문조사

국민들의 과반은 2017년 한국 경제가 나빠질 것이라고 보면서 가계 소득 감소를 가장 큰 걱정거리로 꼽았다. 고용시장은 2016년 내내 얼어붙어 있었던 게 2017년에도 이어지고 있어 실직이나 구직을 염려하는 국민들도 5명 중 1명꼴이었다. 1,300조 원을 넘긴 가계부채 규모가 말해주듯 대출 원리금 상환을 우려하는 한편 부동산 시장 냉각에 따른 전반적인 가계 자산가치 하락도 국민들을 불안하게 하는 요소였다.

매일경제가 LG경제연구원과 공동으로 2016년 12월 여론조사기관 메트릭스에 의뢰해 설문조사를 진행한 결과 전체 응답자의 34.6%는 2016년과 비교해 2017년에 "살림살이가 더 나빠질 것"이라고 응답했다.

특히 청탁금지법(김영란법)에 직접 영향을 받고 있는 자영업자(50.9%)와 농·임·어업 종사자(50.3%)의 비관적 응답 비율이 평균보다 높아 이 가구들의 체감경기가 크게 악화된 것으로 나타났다. 이들 가계는 소득 감소에 대한 우려가 30.9%로 가장 컸고, 실직이나 구직난(18.1%), 가계대출 부담(10.6%), 자산가치 하락(8.9%)이 뒤를 이었다.

이 같은 국민들의 위기감은 그대로 2017년 한국 경제에 대한 불안 심리로 이어졌다. 2017년에도 한국 경제가 '나빠질 것'이란 전망은 64.2%로 '좋아질 것(9%)'이란 예상을 압도했다.

한국 경제성장 제약 요인		차기 정부 중점 정책		개인-가계경제 걱정 요인	
정치 혼란	54.4	청년일자리 창출	42.6	가계소득 감소	30.9
생산가능인구 감소	17.8	저출산·고령화 해소	29.9	실직 또는 취업난	18.1
신성장동력 부족	10.9	양극화 해소	25.1	직장·사업의 부도	6.4
양극화	9.3	기업 투자 확대	7.6	자산가치 하락	8.9
보호무역주의	3.3	신성장동력 육성	11.4	환율 급등락	3.4
글로벌 경기회복 지연	2.3	외교 역량 강화	5.1	가계부채	10.6
기타	2.0	기타	7.2	기타	21.7

*단위:%

자료=매일경제, LG경제연구원

응답자 절반 이상은 "경제가 되살아나는 데 5년 이상 걸릴 것"이라며 장기 침체를 각오하고 있는 것으로 나타났다.

2015~2016년 2년 연속 2%대 성장을 기록한 데 이어 2017년에도 정부는 2%대 성장률을 예상하면서 '저성장 고착화'가 전반적인 국민 인식으로 자리 잡은 것으로 보인다. 경기 불황에 일자리·소득 등에서 직격탄을 맞고 있는 20대·대학생·월평균 가구소득 300만 원 미만 저소득층일수록 향후 한국 경제에 대한 전망이 비관적인 것으로 분석됐다.

응답자들은 정부의 최우선 과제로 '청년 일자리 창출'을 꼽았다. 절반에 가까운 42.6%가 이를 시급한 과제로 언급했다. 또한 국민 10명 중 3명은 '저출산·고령화 해소'를 또 다른 급한 현안으로 인식했다. 2017년은 생산가능인구 절대치가 줄어드는 원년(元年)이다. 향후 연금 소득이 감소하고 노년 부양비가 증가하는 것 등에 대한 국민들의 위기감이 반영된 결과로 풀이된다.

경기침체와 정치 불안까지 겹치며 얼어붙은 소비심리를 되살리기 위해 국민 55.6%는 "소비 여력을 높여줘야 한다"고 답했다. 소비성향을 짓누르는 가계 빚 부담을 덜어주기 위해 "보금 자리론 확대 등을 통해 대출부담을 줄여줘야 한다"는 응답도 20.7%에 달했다. 또 블랙프라이데이(11.3%), 임시공휴일 지정(5.3%) 등 단기적인 소비 진작책을 요구하는 목소리도 소비성향이 큰 20~30대 젊은 층을 중심으로 높게 나타났다.

설문조사를 진행한 신민영 LG경제연구원 경제연구부문장은 "정부에 대한 국민들의 요구는 명확하다"며 "격변하는 국내외 환경변화에 대응해 경기와 리스크를 적극 관리하는 가운데 일자리 창출 등 민생 안정에 더욱 주력해 달라는 것"이라고 평했다. 신 부문장은 "양극화 해소 등 지나간 성장 과정의 부작용을 치유하면서도 성장산업을 직접 육성하기보다는 새로운 성장산업을 옥죄는 규제를 완화하는 등 성장의 기반을 마련해 달라는 게 요구"라고 했다.

출산율에 매달려
실패한 한국 인구정책

'인구=출산' 공식에서 벗어나야

'바보야, 문제는 출산율이 아니야.'

'인구절벽'은 출산율을 끌어올린다고 피할 수 있는 게 아니다. 일본이 대표적인 사례다. 일본은 대대적인 출산 정책에 힘입어 합계출산율을 2005년 1.26명에서 2014년 1.46명으로 끌어올리는 데 성공했다. 1994년(1.50) 이후 21년 만에 가장 높은 수치다. 하지만 같은 기간 연간 출생아수는 106만 명에서 100만 명으로 오히려 줄어들었다. 여성들이 아이를 좀 더 많이 낳게 됐지만 출산적령기의 여성인구 자체는 감소했기 때문이다. 하지만 보다 결정적인 원인은 '잃어버린 20년'에 일본 청년들이 실업난에 시달리고 그 여파로 젊은이들의 결혼이 늦어지고 줄어들면서 아이들의 숫자 자체가 줄었기 때문이다. 지난 1970년대 200만 명에 달했던 신생아는 1984년 150만 명, 2014년에는 100만 명까지 추락했다. '출산율 회복=인구 회복'이라는 착시가 낳은 참혹한 결과다.

2014년 5월, 일본 열도가 충격에 빠졌다. 현재 추세가 계속될 경우 일본 지방자치단체의 절반이 말 그대로 '소멸'할 것이란 〈인구예측보고서〉 때문이다. 일본의 '인구 불감증'에 경종을 울린 이 보고서는 마스다 히로야 전 총무대신이 작성을 주도했기 때문에 흔히 '마스다 보고서'로 불린다. 이 보고서는 오는 2040년까지 20~39세 가임여성 인구가 현재(2014년 기준) 대비 50% 이하로 감소하는 시·구·정·촌의 수가 전체의 49.8%(896개)에 달할 것으로 전망했다. 이에 따라 현재 1억 2,700만 명인 일본 인구는 2050년 9,708만 명, 2100년 4,959만 명으로 쪼그라들게 된다. 특히 "가임여성인구가 줄면 출산율이 회복돼도 인구회복세를 막을 수 없다"는 지적은 일본 전체에 충격을 줬다. 1990년대부터 일본의 저출산 정책이 '출산율 회복'에 초점을 맞춰왔다면, 이 보고서는 출산율만 회복하면 인구감소가 멈출 것이란 그간의 예상이 착각에 불과하다고 직격탄을 날렸다. 청년실업률이 악화될 경우 젊은이들이 결혼과 출산을 포기하는 악순환이 심화될 것이라고 지적했다.

실제 보고서에 따르면 일본의 합계출산율이 2030년 2.1로 회복돼도 인구감소가 멈춰 9,900만 명으로 안정을 찾는 시기는 그로부터 60

년이나 지난 2090년 정도인 것으로 봤다. 2차 베이비붐 세대의 막내인 1974년생조차 2013년에 이미 39세에 달한 데다, 이후 세대에서 여성의 수가 급속도로 줄고 있기 때문이다. 더 나아가 보고서는 도쿄가 지방 인구를 흡수하기만 하고 확대재생산하지 못하는 블랙홀이며, 결국 지방에서 유입되는 인구마저 감소해 '도쿄 소멸'에 이를 것이라고 경고했다.

이후 일본은 '인구회복'으로 정책기조를 바꿨다. 아베 총리는 2015년 9월 자민당 총재 연임을 확정한 직후 '1억총활약사회'를 화두로 꺼내들었다. 전시(戰時) 마지노선과 같은 이 계획은 50년 후 인구 1억 명을 사수하는 게 목표다. 특히 이 계획은 단순한 사회정책이 아니라 '궁극의 성장전략'임을 명시하고 있다. 특히 이 계획은 임신·출산 지원에 방점을 찍지 않았다. 20년 이상 오랜 디플레이션으로 좌절감에 빠져 있고 극심한 빈부격차에 시달리고 있는 일본 경제와 사회의 문제점을 총체적으로 해결하고, 과거 영광을 되살리겠다는 의미가 함께 담겨 있다. 인구절벽이라는 위기를 기회로 삼겠다는 의미다.

그렇다보니 단순한 재정투입보다는 전체적으로 구조개혁에 무게중심이 실려 있다. 특히 아베 정권은 여성이 마음 놓고 일하는 사회를 만들어 육아와 일을 병행할 수 있도록 근무방식을 바꾸고, 정규직 비정규직 차별을 없애는 데 총력을 펴고 있다. 이를 위해 '일하는 방식 개혁 담당상(장관)'이 1억총활약 담당상을 겸직하도록 했다. '지방 소멸'을 막기 위해 지방창생담당부도 설치했다. 지역의 출산율 제고와 경제부양,

기업 이전 등 촘촘한 종합대책을 담고 있다.

아직도 '출산율'에 목맨 한국

한국은 일본의 실패를 고스란히 답습하고 있다. 합계출산율이 사상 최저인 1.08명까지 급락하자 2006년 당시 노무현 정권은 '다자녀가정에 대한 적극적인 사회적 우대 분위기 조성'이란 목표 하에 '새로마지플랜2030(1차 저출산·고령화 대책)'을 들고 나왔다. 1·2차 계획을 합쳐 191개에 달하는 저출산 관련 대책이 쏟아졌고 152조 원이라는 천문학적인 예산이 투입됐다. 하지만 2016년 합계출산율은 1.17명에 불과하다. '밑 빠진 독에 물 붓기' 식으로 11년이란 시간과 수백조 원의 예산만 낭비한 채 출산율은 아무런 진전이 없었다.

한국의 정책은 한마디로 '주먹구구'였다. 2006년(새로마지플랜) 이후 10년 동안 출산율 상승에만 초점을 맞추면서 온갖 대책이 섞여 들어왔다. 성적은 참혹했다. 1차 목표였던 출산율 상승도 이루지 못했다. 문제는 정부 홍보와 다르게 관련 예산이 엉뚱한 곳에 쓰였다는 점이다.

국회 예산정책처에 따르면 2016년 저출산·고령화 관련 예산 21조 7,412억 원 가운데 30.3%에 달하는 6조 5,920억 원은 저출산 대책과 무관했다. 그리고 저출산 대책 예산이 어느새 저소득층 지원으로 변질됐다. 노무현 정부 출범 때는 기획재정부가 총대를 멨지만 정권이 바뀌

대한민국 인구 시나리오

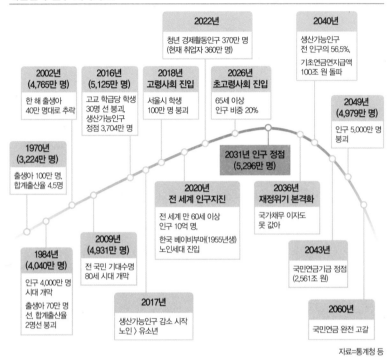

2002년 (4,765만 명)
한 해 출생아 40만 명대로 추락

2016년 (5,125만 명)
고교 학급당 학생 30명 선 붕괴, 생산가능인구 정점 3,704만 명

2018년 고령사회 진입
서울시 학생 100만 명 붕괴

2022년
청년 경제활동인구 370만 명 (현재 취업자 360만 명)

2026년 초고령사회 진입
65세 이상 인구 비중 20%

2040년
생산가능인구 전 인구의 56.5%, 기초연금연지급액 100조 원 돌파

2049년 (4,979만 명)
인구 5,000만 명 붕괴

1970년 (3,224만 명)
출생아 100만 명, 합계출산율 4.5명

2031년 인구 정점 (5,296만 명)

2020년 전 세계 인구지진
전 세계 만 60세 이상 인구 10억 명.
한국 베이비부머(1955년생) 노인세대 진입

2036년 재정위기 본격화
국가채무 이자도 못 값아

1984년 (4,040만 명)
인구 4,000만 명 시대 개막
출생아 70만 명 선, 합계출산율 2명선 붕괴

2009년 (4,931만 명)
전 국민 기대수명 80세 시대 개막

2043년
국민연금기금 정점 (2,561조 원)

2017년
생산가능인구 감소 시작 노인 〉 유소년

2060년
국민연금 완전 고갈

자료=통계청 등

면서 보건복지부 소관으로 책임소재가 바뀌었다. 컨트롤타워가 사라진 셈이다. 정권이 바뀌면 전직 대통령이 했던 정책을 폐기하고 새로운 대책을 넣는 데 급급하면서 혼선만 준 결과다.

홍보만 하고 실속이 없는 대표적인 예가 박근혜 전 대통령의 대선 공약이던 '셋째 대학 등록금 지원'이다. 정책 이름만 보면 셋째는 대학을 공짜로 보내줄 것처럼 했지만 사실은 달랐다. 무엇보다 이는 대학 신입생 1년치 등록금만 지급한다. 대학생 자녀를 기르려면 대학 2~4

학년 등록금은 물론 어학연수 비용부터 학원비까지 줄줄이 대기하고 있는 상황에서 '보여주기식' 정책에 그친다는 평가다.

또한 교육부는 다자녀 지원 정책을 설계하면서 셋째의 대학 등록금은 소득과 재산을 합해 상위 20%는 지원하지 않기로 했다. 한마디로 소득뿐만 아니라 자동차, 주택 등 재산까지 합산·평가해 연 소득 6,801만 원 이상이면 대학 1학년 등록금도 지급하지 않기로 한 것이다. 셋째를 대학에 보낼 정도라면 부모가 50대 안팎인 것을 고려할 때 실효성이 없는 정책이라는 비판이 나온다. 노무현 정부가 다자녀 가구를 우대한다며 '새로마지플랜2030' 정책을 내놓으면서 셋째 이상 자녀가 있는 가구를 지원한다는 정책이 봇물을 이뤘지만 이처럼 고소득층에 지원하면 안 된다는 포퓰리즘이 끼어들면서 정책이 변질된 것이다.

인구 분야 전문가들은 장기적인 시계에 따라 촘촘하게 저출산·고령화 대책을 설계해야 한다고 입을 모은다. 다자녀 가구 지원 정책과 같이 제대로 된 컨트롤타워가 없으면 결국 저출산 정책이 흔들리면서 제대로 된 효과를 내기 어렵다는 것이다. 특히 저출산의 가장 주요한 원인으로 만혼(晚婚)이 꼽히는데 이는 주거, 교육, 일자리 문제가 심각해 모든 조건을 갖출 때까지 결혼을 미룬 결과라는 것을 고려하면 컨트롤타워 구축이 필수라는 평가다.

김용하 순천향대 교수는 "한국의 인구 정책이 실패한 것은 단기성과에 급급한 결과"라고 지적했다. 하지만 현실적으로는 저출산·고령화 대책을 복지부 인구정책실 한 곳에서 떠안는 분위기다. 과거 정부 예산

정부가 2015년 12월 발표한 '제3차 저출산·고령사회 기본계획'은 2006~2015년까지 1·2차 저출산·고령사회 기본 계획을 거치면서 나랏돈 100조 원을 쏟아 붓고도 출산율이 정체했다는 비판 속에서 나왔다. 사진은 보건복지부가 배포한 제3차 저출산·고령사회 기본계획 홍보 포스터다.

편성권이 있는 기획재정부가 대책을 내놓을 법도 하지만 주무 부처가 복지부라는 이유로 박근혜 정부에서는 복지부 일개 실국에서 대책을 내놓게 됐다.

2016년 시행에 들어간 3차 계획도 2020년 합계출산율 1.5명 달성을 목표로 잡았다. 그렇다 보니 저출산 대책도 출산율이라는 소수점 숫자를 끌어올리기 위한 임신, 출산, 육아 지원 등에만 집중됐다. 그나마도 체계가 없는 백화점식 나열 수준이다. 정부 내부에서조차 "제대로 된 저출산 정책을 만들려면 미래 인구구조를 살펴보고 이에 맞는 단계별 로드맵을 종합적으로 짜야 하는데, 막상 회의에 들어가 보면 종전에 하던 정책을 모두 끌어다 놓고 펼쳐서 붙이는 식"이라는 말이 나오는 이유다.

더 큰 문제는 인구 자체가 일본처럼 '다운사이즈' 기조를 보인다는 점이다. 한국 출생아수는 1970년 100만 명에서 2015년 43만 9,000명까지 줄었다. 2016년 들어서도 상반기 출생아 수(21만 5,200명)는 3차 저출산 계획 시행에도 불구하고 지난 2005년 22만 2,900명이었던 최저기록을 갱신했다. 그 결과 2017년을 정점으로 감소세로 돌아서고 2022

년부터는 오히려 노동력 공급이 수요보다 부족한 '인구절벽' 시대를 예고하고 있다. 보건사회연구원에 따르면 합계출산율이 2045년까지 2.1명까지 오르더라도 인구는 2035년 5,331만 명의 정점을 지나 2100년 4,309만 명까지 줄어들 것으로 내다봤다. 이 때문에 저출산을 더 이상 '변수'가 아닌 '상수'로 보고, 그에 맞춘 고용과 노동시장 대책을 마련해야 한다는 주장이 나오고 있다.

하지만 여전히 한국에서 청년 일자리 정책은 저출산 대책과 따로 논다. 심지어 2022년이면 해소될 문제라며 과소평가한다. 산술적으로 20~24세 경제활동인구가 계속 줄어들 경우 고용규모가 현재대로 유지된다면 2020년 실업자는 불과 7만 명에 불과하고, 2022년에는 완전고용 상태에 도달할 것으로 예측된다. 조금만 참으면 해결될 문제이

혼인과 실업은 역의 관계

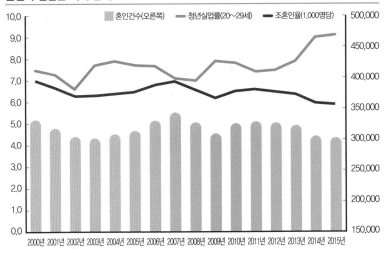

니 단기처방이면 충분하다는 시각이다. 하지만 조금 깊이 들여다보면 이미 청년실업은 저출산에 직접 영향을 주고 있다. 통계청 자료를 분석한 결과 지난 10년간 대표적인 저출산 지표인 조(粗)혼인율과 혼인건수, 그리고 청년실업률(20~29세)은 강한 상관관계를 갖고 있는 것으로 분석됐다.

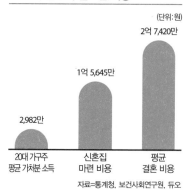

20대 가구주 평균 소득과 결혼 및 출산에 필요한 비용

(단위:원)

- 20대 가구주 평균 가처분 소득: 2,982만
- 신혼집 마련 비용: 1억 5,645만
- 평균 결혼 비용: 2억 7,420만

자료=통계청, 보건사회연구원, 듀오

글로벌 금융위기가 한창이던 지난 2010년 청년실업률이 7.0에서 7.9로 급전직하하자, 같은 기간 인구 1,000명당 혼인건수인 조혼인율은 6.6건에서 6.2건, 32만 7,715건이던 혼인건수는 30만 9,759건으로 나란히 바닥을 쳤다. 반면 2011~2012년 청년실업률이 7.8에서 7.4로 0.4%포인트 완화되면서 2012년 조혼인율(6.6) 및 혼인건수(32만 9,087)는 각각 0.1건, 2,983건 증가하는 경향을 보였다.

이는 장기화된 경기침체와 취업난 여파로 해마다 조혼인율과 혼인건수가 바닥치고 있음을 방증하는 것이다. 그 결과 청년실업률이 9.0%로 치솟은 2016년 조혼인율은 5.9건으로, 1970년 통계가 작성된 이래 역대 최저치를 기록했다. 또 2015년 혼인 건수도 전년보다 0.9% 감소한 30만 2,800건으로 지난 2003년 30만 2,500건을 기록한 이후 가장 낮은 수치다.

한국은 이제 '닮고 싶지 않은 나라'

그렇다보니 과거 고도성장을 누리며 후발 개발도상국에게 부러움의
대상이 됐던 한국은 이제 '반면교사' 사례로 전락하고 있다. 단적인 예

30년 시차 두고 닮은꼴 인구구조 한국과 베트남

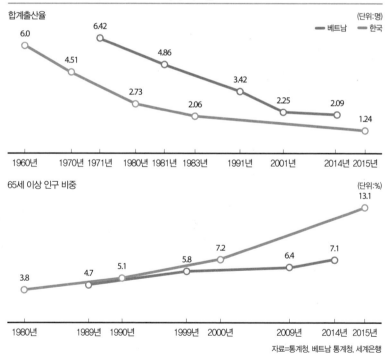

자료=통계청, 베트남 통계청, 세계은행

가 베트남이다. 지난 1970년 6.45명에 달하던 합계출산율(여성 1명이 평생 낳을 수 있는 평균 자녀수)가 2014년 인구유지 '마지노선'인 2.1명 아래(2.09명)로 추락한 데 대해 위기감을 느낀 베트남 정부는 유엔인구기금(UNFPA)에 신속하게 정책 컨설팅을 의뢰했다. UNFPA와 베트남이 '반면교사' 사례로 연구해 나선 나라가 바로 '한국'이었다.

실상 베트남은 아직 인구 면에서 '위기경보'를 울릴 단계는 아니다. 9,200만 명으로 전 세계에서 14번째로 인구가 많은 베트남은 오는 2020년 인구 '1억 명' 돌파를 앞두고 있다. 인구 구성은 더욱 매력적이다. 중위연령은 27세에 불과해 44세인 한국보다 한참 낮다. 소비 성향이 높은 20~30대 인구가 3,300만 명에 달해 노동생산성과 내수시장 성장잠재력이 매우 높다. 전 세계 기업들이 잇따라 베트남에 러브콜을 보내는 이유다.

하지만 한국의 '국가실패'를 지켜본 베트남의 대응은 빨랐다. 복지부 산하 인구국을 중심으로 범정부 차원에서 오는 2020년을 목표로 저출산 대비 마스터플랜 수립에 나섰다. '인구 질적 수준 유지'와 '고령화 연착륙'을 2대 거시목표로 삼아 한국 전문가까지 초빙해 작업을 진행 중이다.

응우옌 반떤 베트남 인구국장은 "한국의 출산율이 매우 낮은 상황에서 억지로 끌어올리는 것은 쉬운 일이 아닐 것"이라며 "현재 베트남은 아시아에서 가장 젊은 국가 중 하나지만, 지금부터 미리 저출산과 고령화 문제에 선제적으로 대응하고 있다"고 밝혔다.

핵심은 '출산'이 아닌 '고용'

결국 인구정책의 핵심은 '출산율'이 아니라 '고용률'이다. 본 원인을 해결하려면 국민소득 자체를 높이고 일·가정 양립이 가능하도록 범정부 차원에서 생애 주기별·종합적인 대응방안을 내놔야 한다. 특히 경제 후퇴와 양극화 심화로 '계층사다리'에 대한 믿음이 깨지며 "어차피 흙수저로 힘들게 살 아이라면 낳지 않는 게 낫다"는 참혹한 현실 인식까지 젊은 층을 중심으로 퍼져나가고 있다. '국가실패'를 넘어 '국가소멸'을 걱정해야 할 판이다. 양육과 교육으로만 들어가는 비용 자체가 7배나 차이가 나다 보니 '계층 사다리'는 사실상 불가능하다는 인식이 확산될 수밖에 없다는 것이다.

교육의 차이는 곧바로 사회생활의 격차로 이어지고 있다. 특히 일자리를 구한다고 해도 비정규직이라면 결혼을 꺼리는 비율이 대폭 높아져 우려를 더했다. 보건사회연구원이 2015년 발표한 보고서에 따르면 직장을 갖고 있는 미혼 남성 가운데 비정규직은 결혼을 하겠다는 사람이 정규직보다 42% 낮았다.

결국 적극적인 고용정책과 보다 유연한 노동시장으로 해답은 귀결된다. 인구 보너스를 통한 성장의 환상에서 벗어나 교육을 통한 인적자원의 질적 수준 향상과 이에 맞는 고용 정책이 필요하다고 전문가들은 입을 모은다. 향후 40만 명으로 예상되는 연간 출생아수를 우선 안정화시킨 뒤, 작아진 사회구조에 걸맞은 성장과 고용정책을 내놔야 한다고 봤다.

　김용하 순천향대 교수도 분석을 통해 지난 2014년 기준 40.7%인 생산가능인구(19~64세)의 고용률이 독일과 같은 수준인 57.9%에 이를 경우 향후 실질 경제성장률을 2% 후반에서 안정화시킬 것으로 전망했다. 국회 예산정책처 관계자는 "모든 정책을 망라해 나열한 기존 대책의 틀을 탈피해야 한다"면서 "정책 우선순위와 목표 효율성을 고려해 예산과 인력을 선택·집중해야 할 것"이라고 밝혔다.

저출산은 **변수**가 아니라 **상수**…
다운사이징 맞춘 **인구대책** 내놔야

저출산 문제가 심각하지만 인구학 분야의 학문적 기반은 열악하다. 이런 가운데 조영태 서울대 보건대학원 교수는 대표적 소장파 인구학자로 주목을 받고 있다. 조 교수는 "저출산 정책은 지나치게 눈에 보이는 출산에만 초점을 맞추고 있다"며 "'출산율 제고=인구 증가'의 공식에서 벗어나 교육과 이민을 비롯한 각종 변수들을 종합적으로 고려한 장기 마스터플랜을 수립해야 한다"고 주장했다.

인구학자 조영태
서울대 보건대학원 교수

조 교수는 정부의 저출산 대책에 대해서도 "인구 정책의 방향을 획기적으로 바꾸려는 의지가 느껴지지 않는다"며 "난임 부부 지원 수준의 보완책도 미흡하다"고 질타했다. 오히려 그는 최근 인구 컨설팅을 맡고 있는 베트남 정부의 의지가 더욱 확고하다고 강조했다. 조 교수는 "베트남 정부는 아직 합계출산율이 2명을 넘고 고령화를 걱정할 수준도 아니지만 벌써부터 저출산·고령화에 대한 체계적인 준비에 나섰다"며 "한국 보건복지부 규모와 수준의 인구국을 별도로 운영하는 점은 오히려 우리가 배워야 할 부분"이라고 소개했다.

그는 베트남에서 돌아온 직후 인구학자로 10년 후 한국을 전망한 저서 《정해진 미래》를 출간했다. 저출산 고령화가 만드는 미래는 '정해져 있다'는 의미를 담고 있다. 정원 미달로 대학은 통폐합되고, 신규 진입자들이 설 자리를 잃는 디스토피아가 임박했다고 지적했다. 하지만 전략을 잘 세운다면 전망이 반드시 어둡지만은 않다고 조 교수는 설명했다. 그는 "저출산보다는 '작아지는 사회'에 맞춘 새로운 투자·고용 정책이 필요할 때"라며 "인구 정책의 중심을 양이 아닌 질에 맞춰야 한다"고 주장했다.

2

—

그들만의 리그, 추락하는 대한민국

'끼리끼리 네포티즘'이
한국 망친다

인사청문회 떨어진 의원 출신 각료 한 명도 없다

국회 인사청문회는 대통령이 고위 공직자를 임명할 때 검증 절차를 거치도록 해 행정부를 견제하려고 2000년 도입됐다. 정부가 국회에 임명동의안을 제출하면 국회는 인사청문회를 거쳐 20일 이내에 국회 본회의 표결에 회부, 처리해야 한다. 정부는 임명동의안에 학력·경력, 병역, 재산, 최근 3년간 소득세·재산세 및 종합토지세 납부 실적, 범죄경력을 첨부해야 한다. 그야말로 고위 공직자 후보자의 인적 사항을 총망라한 자료다.

하지만 인사청문회는 곧잘 국가 인재를 가려낸다는 본래 취지에서 벗어나 정치싸움의 도구, 국회의 인재 독점 방편으로 전락했다는 점에서 뒷맛이 씁쓸하다. 나라를 망치는 또 다른 'B급 국가 바이러스'라는 지적이다.

매일경제가 비정부기구인 바른사회시민회의와 공동으로 청문회 도입(국무총리는 2000년, 장관은 2005년부터 실시) 이후 국무총리·장관 후보자 낙마자를 분석한 결과 2016년 10월까지 기준으로 낙마자 16명은 전원이 비(非)국회의원 출신인 것으로 조사됐다. 그동안 국회가 임명 과정에서 사실상 제 식구 감싸기로 일관하며 이중 잣대를 들이댔다는 방증이다.

인사청문회 도입 이후 지금껏 국무총리와 장관을 역임했거나 역임하고 있는 인물은 138명이다. 이 가운데 국회의원 출신은 36명으로 4명 중 1명꼴이었다. 낙마자는 16명이었는데 노무현 정부 1명, 이명박 정부 6명, 박근혜 정부 7명 등 정권이 바뀔수록 증가하고 있는 것으로 조사됐다.

청문회 자리에서는 국회의원이냐 아니냐에 따라 질문 자체가 다르다. 예를 들어 2015년 1월 이완구 전 총리 인사청문회 당시 이장우 새누리당 의원은 이 전 총리를 향해 "제가 평소 정치하면서 닮고 싶은 정치 지도자 하면 이완구 후보자다. 부동산 투기를 했다고 하는데 우리 후보님 성품상 그럴 수 없다"고 말했다. 하지만 2013년 3월 남재준 전 국정원장 청문회에서는 남 전 원장이 말을 아끼자 정청래 의원이 "이렇게 하면 박근혜 대통령이 예뻐하나"라고 외치기도 했다.

검증 잣대도 달랐다. 노무현 정부 당시 김병준 전 교육부총리(2006년 7~8월 재임)는 제자 논문 표절 의혹으로 임명 후 한 달 만에 자진 사퇴했는데, 이후 당시 표절이라고 지적당한 논문은 제자 논문보다 한 달 앞서 나온 것으로 밝혀졌다. 이는 18대 의원 출신인 이달곤 행정안전부 장관이 자기논문 표절 중복게재 의혹이 일었지만 임명된 것과 대비된다.

해가 바뀔수록 이중 잣대는 더 심해졌다. 박근혜 정부에서 내정됐던 총리·장관 후보자는 모두 54명이었다. 의원 배지를 단 이력이 없는 총리·장관 후보자 41명 가운데 7명이 낙마했다. 반면 의원 출신으로 장관직에 오른 후보자 13명은 단 한 명의 낙오자도 없었다. 인사청문회에서 '의원 전관예우'나 '금배지 불패론'이 회자되는 이유다.

박주희 바른사회시민회의 사회실장은 "청문위원이 국회의원으로만

같은 사안도 의원만 되나… 일관성 없는 인사청문회

	국회의원		비국회의원	
논문 표절	**이달곤** 행정안전부 장관 : 논문 자기표절 통한 중복게재	임명	**김명수** 교육부 장관 후보자 : 제자 논문표절 의혹	낙마
위장 전입	**맹형규** 행정안전부 장관 : 배우자·자녀 세 차례 위장전입 의혹	임명	**안대희** 국무총리 후보자 : 13차례 주소이전, 부인·자녀만 주소이전 등 논란	낙마
재산 형성	**조윤선** 문화체육관광부 장관 : 부동산 투기로 27억 원 차익, 증여세 탈루 의혹	임명	**박은경** 환경부 장관 후보자 : 절대농지 매입. 남편 제주도 땅투기 의혹	낙마
병역 비리	**강은희** 여성가족부 장관 : 인맥으로 장남 산업요원 복무. 차남 80일 휴가	임명	**김용준** 국무총리 후보자 : 장남의 고의 체중감량으로 인한 병역기피 의혹	낙마

구성되기 때문에 국회의원이 인사청문회 후보자로 설 경우 청문위원들 자신도 후보자와 같은 처지에 놓일 수 있다는 생각에 후보자를 심하게 대하지 않는다"면서 "국회의원 출신 후보자들이 더 높은 도덕성을 갖춘 것도 아니기 때문에 검증 기준이 형평성을 잃었다고 할 수 있다"고 지적했다.

툭하면 터져 나오는 '비선실세'

이른바 정권 실세들의 각종 이권과 인사 개입, 그리고 그들끼리의 '담합'은 한국 사회의 고질적인 병폐로 꼽힌다. 대한민국의 국격을 떨어뜨리는 가장 치명적인 'B급 국가 바이러스'다. 비선실세 최순실 씨를 중심으로 한 소수 그룹의 국정 농단이 수면 위로 떠오르면서 박근혜 전 대통령이 결국 탄핵에 이른 것이 대표적이다.

역대 정권에서도 비선그룹들이 국정을 농단했던 사례가 이어져왔다. 대통령의 위세를 빌려 호가호위하면서 비리를 저질렀지만 그 끝은 좋지 않았다. 최순실 씨 이전에는 이명박 정부 당시 '만사형통(만사가 대통령의 형을 통해 이뤄진다)'이라는 말을 유행하게 한 이상득 전 새누리당 의원이 있었다. 그는 이 전 대통령 집권 이후 경북·포항지역 정치인 모임인 '영포회'라는 비선 조직을 적극적으로 활용했다. 이 전 의원은 파이시티 개발사업 인허가에 개입하고 저축은행에서 뇌물을 수수한 혐의

등으로 2012년 구속 기소되기도 했다.

참여정부 시절에는 고 노무현 전 대통령의 형 노건평 씨에 대해 '비선실세'였다는 의혹이 제기된 바 있다. '봉하대군'이라 불린 노 씨는 세종캐피탈 측으로부터 29억 원을 받고 농협에 세종증권을 매각하도록 도와준 혐의 등으로 구속 기소돼 실형을 선고받았다.

김대중 정권 말기엔 대통령의 세 아들인 '홍삼 트리오(홍일·홍업·홍걸'가 모두 비리에 연루됐다. 특히 당시 아태평화재단 부이사장이었던 홍업 씨의 별명은 '100% 해결사'였다. 그는 2002년 '이용호 로비 사건'과 관련해 여러 기업에서 이권 청탁 대가 등으로 47억여 원을 받은 혐의로 구속됐다.

김영삼 정권에서는 대통령의 차남 김현철 씨가 '소통령'이라 불리며 위세를 누렸다. 김 씨는 정부 여당의 인사에 관여하는 것은 물론 국정 전반에도 개입했다. 당시 청와대로 들어오는 모든 정보는 김 씨를 거친다는 소문이 있을 정도였다.

노태우 정권에서는 영부인 김옥숙 여사의 사촌동생 박철언 전 의원이 비선실세로 주목받았다. 그는 민주정의당의 공천에 관여했고 국정 전반에 입김을 행사해 '6공의 황태자'로 불렸다. 박 전 의원의 친·인척들과 측근들은 '월계수회'라는 비선조직을 만들었다. 그는 차기 대권 후보로까지 거론됐지만 김영삼 정부 출범 직후 옥고를 치렀다. 1993년 슬롯머신 업계로부터 6억 원을 받은 혐의로 1년 6개월의 형을 살고, 의원직까지 상실했다.

박철언
(의원직 상실·징역 1년 6개월)
▷ 노태우 전 대통령 고종사촌 처남
슬롯머신 업체 세무조사 무마
비리 연루(뇌물 수수 등)

김현철
(징역 2년)
▷ 고 김영삼 전 대통령 차남
인사 개입, 한보사태 비리 연루
(알선수재, 조세포탈 등)

김홍업
(징역 2년)
▷ 고 김대중 전 대통령 차남
이용호 게이트, 최규선 게이트 연루
(알선수재, 조세포탈 등)

노건평
(징역 2년 6개월)
▷ 고 노무현 전 대통령 형
박연차 게이트, 세종증권
인수로비 연루(특경가법상 횡령 등)

이상득
(징역 1년 2개월)
▷ 이명박 전 대통령 형
저축은행 로비, 파이시티 개발사업
인허가 개입(뇌물 수수 등)

최순실
▷ 박근혜 대통령 지인
연설문 관여, 정부 청와대 인사 개입
의혹(대통령 기록물 관리법 위반 등)

　　임도빈 서울대 행정대학원 교수는 "군사정권 때부터 대통령 한 명에게 쏠림현상을 보이는 집권적인 권력문화가 이어지면서 공적 조직이 비선에 서열 앞자리를 내주는 '권력 역전현상'을 낳고 있다"며 "모든 것을 법대로 하는 법치(法治)만 제자리를 찾아도 이 같은 문제는 해결될 것"이라고 말했다.

공직 사회에 뿌리내린 '네포티즘'

정운호, 진경준, 최순실까지. 2016년 한국을 뒤흔든 초대형 게이트의 공통점은 '끼리끼리 다 해먹었다'는 것이다. 사익(私益)을 위해 국가 시스템을 무너뜨리는 '네포티즘(Nepotism, 연고주의)'의 폐해를 그대로 드러낸 것이다.

네포티즘은 이권을 미끼로 관료들을 무능과 부패, 그리고 복지부동으로 몰아넣었다. 단적인 예가 대우조선해양 관리 부실 사태다. 2015년 2조 9,000억 원대 적자를 내며 파국으로 치달은 대우조선 부실 이면에는 관피아를 중심으로 한 전·현직 관료들의 공고한 카르텔이 자리하고 있다는 게 정설이다. 관료와 산업은행, 대우조선을 잇는 회전문식 인사가 계속되다보니 퇴임 후 자리 보존이 우선인 관료들이 시장 논리에 따른 구조조정을 계속 미뤘다는 설명이다.

2014년 세월호 사태 당시 드러난 '해피아'나 2013년 원자력안전위원회가 신고리·신월성 원전의 제어케이블 시험성적서 위조 사실을 적발하면서 불거진 '원전 마피아'도 이 같은 네포티즘을 보여주는 빙산의 일각이다.

네포티즘의 악순환을 끊기 위해 전문가들은 정책 결정의 투명성을 높여야 한다고 지적했다. 윤홍근 서울과학기술대 행정학과 교수는 "결국 네포티즘의 해법은 정보 공개"라며 "로비스트 제도를 규정한 '로비규제법'을 도입해 외부 요인이 정책에 미치는 영향을 투명하게 공개해야 한다"고 주장했다.

전·현직을 잇는 네포티즘의 핵심 연결고리 역할을 하는 공공기관장 선임 과정에서 투명성을 높여야 한다고 지적하는 목소리도 높다. '공

대한민국 갉아먹는 네포티즘

관료	해피아·철피아 등 산하기관 낙하산 인사
법조	정운호 게이트 등 전관예우·연고주의
노동	대기업 노조 이기주의, 비정규직 차별
정치	영호남 등 지역주의 공천 및 요직 나눠 먹기

공기관의 운영에 관한 법률(공운법)'에 따른 기관장 선임 절차에도 불구하고, 실제 인사는 청와대나 관계 부처의 입김에 따라 '낙하산' 투하 방식으로 이뤄지는 경우가 대부분이다. 정부 관계자는 "애초에 정부 입김을 배제하기 위해 공운법이 만들어졌지만 너무 이상적으로 만들어지다 보니 실제로는 낙하산이면서 아닌 척 하느라 사회적 비용만 늘었다"며 "차라리 대통령이나 장관이 기관장을 공개적으로 추천하고 심의하는 게 투명성·효율성·책임성 면에서 나을 것"이라고 밝혔다.

특히 후보 검증 단계에서 키를 쥐고 있는 공공기관운영위원회가 독립성을 가질 수 있도록 힘을 실어주기만 해도 잘못된 낙하산의 폐해는 막을 수 있다는 설명이다. 이와 함께 공정거래위원회 출신 공직자들의 대거 로펌행 등 전직 관료들이 업계 로비의 통로가 되어 현직 관료들에게 조직적인 영향력을 행사하는 구조도 시급히 개선해야 한다는 목소리가 높았다.

기업-노조 담합으로 쌍방독점

2014년 5월 세월호 사태 직후 불거진 '철피아(철도+마피아)' 사건은 은밀한 거대담합으로 얼룩진 한국 사회의 민낯을 그대로 드러냈다. 철도 부품 계약이라는 폐쇄된 '그들만의 리그'를 놓고 업계와 관료, 공공기관, 정치권은 얽히고설킨 비리 복마전을 연출했다. 철도업계는 계약 수주를 위해 정부와 공공기관에 금품을 살포했고, 이들을 감시해야 할 감사원 관료와 여당 국회의원 2명까지 비리에 가담하는 '철의 삼각관계'가 드러났다. 특히 레일 연결 업체로부터 6,500만 원을 받은 혐의로 구속영장이 청구된 송광호 새누리당 의원에 대한 체포동의안이 예상을 깨고 반대·기권만 150표라는 압도적인 표차로 국회에서 부결되면서 '앞으로만 싸움 연출, 뒤로는 한통속'이라는 여야 정당의 담합구조까지 폭로됐다.

1997년 외환위기 이후 대기업과 노조, 정치권과 관료조직 등 한국 사회 전반이 '거대 담합' 구조로 얼룩지고 있다. 거대 담합의 본질은 사회의 모든 부문이 집단적 이해관계에 포획되는 구조를 갖게 된다는 점이다. 외환위기를 통해 경쟁자들을 도태시킨 담합구조 내 기득권자들은 높은 진입장벽을 쌓고 이권보호에 나섰다. 한 술 더 떠 이들 담합 주체들이 서로 얽힌 '메가 카르텔'도 2010년대 이후 본격화되는 양상이다.

지난 20년간 담합구조를 공고히 한 곳은 역설적으로 서로 대치되는 대기업과 노조다. 공정거래위원회에 따르면 기업들이 입찰이나 가격결정 과정에서 담합으로 적발된 건수가 지난 1996년 36건에서 2015년 88건으로 2배 가까이 늘었다. 또한 한국경제연구원은 2000년대 초반 22.7%에 달하던 시장 진입률이 2011년 15.3%로 낮아졌다고 밝혔다. 각 영역별로 독과점이 심화되고 있다는 의미다.

지난 20년간 주요 담합사례를 봐도 건설, 제조, 금융, 에너지 등 사실상 산업 전체를 총망라한다. 특히 2012년에는 전자 '라이벌'로 여겨졌던 삼성·LG전자가 노트북, 세탁기 가격담합을 주도한 데 이어, 최근 3년간 시공능력평가 상위 10위 대기업 건설사들이 공동 부당행위로 공정위로부터 받은 과징금 규모가 1조 원을 넘는 등 담합 구조가 더욱 공고화되는 분위기다.

다른 한쪽에서는 1997년 민주노총이 총파업으로 세를 과시하며 정리해고 유예 등 노동법 재개정을 주도한 이후, 대기업 중심 노조는 담합체제를 굳혀가고 있다. 고용노동부에 따르면 1,000인 이상 사업장에 소속된 노동조합원의 비율은 1998년 54.2%에서 2014년 73%까지 급증했다. 특히 대기업과 대형 노조가 각기 담합체제를 갖추며, 중소기업이나 비정규직을 배제한 채 협상을 통해 자기 이익만 챙기는 '쌍방독점' 양상이 본격화되고 있다.

담합 등 부당공동행위 적발 추이		독과점 유지 산업수		낮아지는 신규시장 진입률	
1996년	36	2006년	41	2001년	22.7
2000년	47	2009년	43		
2005년	46	2010년	47	2006년	71.1
2010년	62	2011년	59		
2015년	88	2013년	56	2011년	15.3

단위:건   자료=공정위 단위:개   자료=공정위 단위:%   자료=공정위

담합구조는 경제 생태계를 넘어 사회 전반으로 확산되고 있다. 2010년 이후 불거진 원전 마피아, 철피아, 해피아 등 비리 복마전에서 드러나듯 강력한 관료 카르텔이 기업이나 정치권과 유착돼 지대를 추구하는 경우가 급증하고 있다. 2015년 국민의당 출범 이전 20년간 지속됐던 양당 구조 속에서 정치권도 특권보호를 위한 물밑 담합 행태를 유지해 왔다는 비난을 받았다.

더욱이 2015년 표절 시비로 인해 불거진 문화계의 담합구조나 2016년 검찰수사에서 드러난 수영연맹 비리 등에서 보듯 '거대담합'은 확산 일로에 있다.

이재형 한국개발연구원(KDI) 전문위원은 "좁은 국내 시장은 본질적인 가격경쟁보다는 기득권자들끼리 경쟁을 자제한 채 상호 이익을 추구하는 경향을 보인다"며 "정부 규제완화를 비롯해 진입장벽을 낮추기 위한 사회 전체의 구조적 변화가 필요하다"고 지적했다.

"차라리 모르는 사람 믿겠다"
신뢰 바닥 떨어진 한국… 갈등은 최고

한국 국민은 처음 만난 사람보다 국회를 더 믿지 못하는 것으로 나타났다. 매일경제와 현대
경제연구원이 공동으로 2016년 9월 국민 1,009명을 대상으로 한 설문조사에서 '우리 사회
주요 부문에 대한 신뢰도를 평가해 달라'는 질문에(전혀 신뢰하지 않으면 0점, 전적으로 신뢰하면 100
점) 정치권은 28점으로 낙제점을 받았다.

이는 우리 사회 다른 주요 부문과 비교해도 제일 낮을 뿐 아니라 처음 만난 사람에 대한 신
뢰도(40점)보다도 낮은 수준이다. 정치권 신뢰 점수에 대해 전체 응답자의 94.8%가 50점 이
하를 줬으며 90점 이상을 준 이는 한 명도 없었다. 그다음으로 낮은 신뢰 점수를 받은 곳은
정부와 재벌 대기업(35점), 법조계(36점) 정도였다. 우리 사회 주요 부문의 신뢰도 점수는 학계
가 49점으로 그나마 가장 높았다.

정치권에 대한 신뢰도는 2006년 한국개발연구원(KDI)에서 사회적 자본 평가를 위해 실시했
던 설문조사 결과보다 더 낮아졌고, 처음 보는 사람에 대한 신뢰점수는 10년 전과 거의 유사

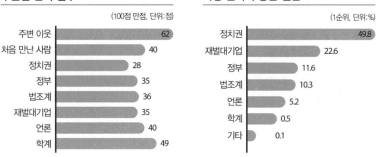

부문별 신뢰 점수

(100점 만점, 단위:점)

주변 이웃	62
처음 만난 사람	40
정치권	28
정부	35
법조계	36
재벌대기업	35
언론	40
학계	49

가장 권력이 강한 집단

(1순위, 단위:%)

집단	%
정치권	49.8
재벌대기업	22.6
정부	11.6
법조계	10.3
언론	5.2
학계	0.5
기타	0.1

*9월, 성인남녀 1,009명, 유무선 전화설문 조사, 최대 오차범위 95% 신뢰수준에서 ±3.09%포인트

자료=현대경제연구원, 매일경제

한 값을 보였다.

또 한국 국민은 한국 사회에서 가장 권력이 강한 집단으로 '정치권'을 꼽았다. '현재 우리 사회에서 가장 권력이 강한 집단은 어디라고 생각하십니까? 순서대로 세 곳을 꼽아주십시오'라는 질문에 정치권을 1순위로 꼽은 이들은 응답자의 절반인 49.8%에 육박했다. 다음으로 1순위에 많이 꼽힌 집단은 재벌대기업, 정부 순이었다.

반면 한국의 사회 갈등은 이미 위험 수위다. 2016년 10월 매일경제가 한국경제연구원과 공동으로 경제협력개발기구(OECD) 회원국 34개국을 대상으로 '사회갈등지수'

OECD 국가 사회갈등지수

덴마크	0.61
스웨덴	0.67
핀란드	0.68
독일	0.78
영국	0.98
일본	1.01
미국	1.1
한국	**1.88**
터키	2.46
멕시코	3.92
평균	1.13

*고용률, 지니계수, 남녀 임금 격차, 피부양비율, 공공지출 비중 등 반영해 산출   자료=한국경제연구원

를 산출한 결과 한국의 잠재 갈등 수준은 멕시코, 터키 다음으로 높았다. 세부적으로 보면 한국의 갈등 지수는 1.88로 OECD 평균 1.13보다 1.6배 높았다. 이는 13위 미국, 15위 일본, 25위 독일, 26위 프랑스 등 선진국에 비해 크게 높은 수준이다. 그리스(5위), 이탈리아(8위), 포르투갈(12위), 스페인(18위) 등 심각한 재정위기와 국가 채무에 시달리고 있는 이른바 '피그스(PIGS)' 국가보다도 심각했다.

김창배 한국경제연구원 연구위원은 "'저성장→사회 갈등→사회 응집력 저하→저성장'의 악순환이 이어지고 있다"며 "낡은 거버넌스와 정책 프레임을 뜯어고쳐야 한다"고 진단했다.

나는 배려받기보다
공정경쟁하고 싶다

다이내믹 사라진 '저결실 대한민국'에 던지는 청춘의 외침

'다이내믹 코리아(Dynamic Korea)'는 2002년 한·일 월드컵을 계기로 탄생한 국가 슬로건이다. 꿈틀대는 역동성을 국가적 상징으로 삼을 정도로 당시 대한민국엔 활기가 넘쳐났다. 2016년 한국은 딴판이다. 위기 상황에서도 옴짝달싹 못하는 '언다이내믹 코리아(Undynamic Korea)' 신세로 전락했다. 그 원인으로는 점점 공고해지는 '담합 구조'와 경쟁을 북돋기는커녕 담합을 부추기는 '정책 역주행'이 꼽힌다.

매일경제는 현대경제연구원 및 에프앤가이드와 함께 한국 사회 성장성을 가늠할 수 있는 대학졸업장·직업·기업·주택 등 4대 분야의 투자수익률(ROI)을 분석했다. 그 결과 초고속 성장을 거듭했던 1980년대에 비해 투자수익률이 3분의 1 수준으로 축소된 것으로 나타났다.

한때 중산층 진입을 위한 '티켓'으로 여겨졌던 4년제 대학 졸업장의 투자수익률은 1987년 12.5%에서 2015년 6.7%로 반 토막 났다. 같은 기간 한국 경제의 역동성을 나타내는 상장기업 투자수익률은 35.8%에서 10.1%로 주저앉았으며, 가계자산 증식 수단인 아파트 수익률은 21.7%에서 5.38%로 곤두박질쳤다. 지금 1980년대 수준의 결실을 맺으려면 최소 3배 이상 노력이 필요하다는 의미다.

이 같은 성장 정체는 선진국 문턱에 이른 한국의 발전 단계를 감안하면 불가피한 측면이 있다. 하지만 문제는 정부와 국회 등 국가 시스템이 고장 나면서 경쟁을 통한 역동성을 되살리기는커녕 오히려 떨어뜨리는 데 앞장서고 있다는 사실이다.

직업별로는 의과대학 정원 동결을 통해 진입장벽을 높게 유지하는 가운데 원격의료·영리병원 허용 등 서비스업 개혁을 가로막고 자신들의 밥그릇을 지키고 있는 의료계가 대표적이다.

제도적으로는 이동통신시장의 경쟁을 인위적으로 제한한 단말기유통구조개선법(단통법), 책의 정가 10%까지만 할인이 가능하도록 해 자유로운 시장 기능을 막은 도서정가제, 대형 할인점에 영업시간 제한과 의무 휴업이란 굴레를 씌워 소비자 이익을 침해한 유통산업발전법(유통법) 등이 그런 예에 속한다.

이에 비해 경쟁을 촉진시켜 일자리를 창출하고 경제적 효율성을 높일 수 있는 법과 제도는 '제자리걸음' 신세다. 서비스산업발전기본법, 기간제 및 단시간 근로자의 보호 등에 관한 법률이 그런 예다. 의료 민영화와 비정규직 고착화를 부추긴다는 막연한 이유로 좌초됐다.

아무리 노력해도 만족할 만큼 과실을 거둘 수 없는 '저결실(低結實) 사회'가 고착화할 조짐을 보이면서 우리 국민 사이에서는 '기회균등'을 요구하는 목소리가 점점 높아지고 있다. 매일경제가 현대경제연구원에 의뢰해 2016년 8~9월 국민 1,009명을 상대로 실시한 설문조사에서 '개인이 열심히 노력하면 계층 상승 가능성이 있느냐'고 묻는 질문에는 100명 중 15명만 그렇다고 답변했다. 분열된 사회를 극복하기 위한 방안으로는 31.4%가 '기회균등'을 꼽았다. 이는 5년 전 19.6%에 비해 높아진 것이다.

사라진 대학 졸업장의 가치

명문 외국어고와 서울대를 졸업한 A씨(27)는 한 공기업에 입사했다. 명목상 세전 연봉은 3,600만 원. 하지만 4대보험 등을 떼고 받은 첫 월급은 200만 원 안팎이었다. 대졸 초임치고 적은 편은 아니었지만, 지금껏 교육에 투자한 돈을 고려할 때는 적은 액수다. 2016년 상반기 서울 시내 평균 아파트 값은 5억 5,000만 원 안팎으로 15년 이상 월급 전부

직업별 대졸자 초임 증감률

*2008~2013년
연평균 증가율.
자료=현대경제연구원

(단위:%)

회계사, 세무사 등	변호사 등	의사	전체 평균
0.7	1.2	3.4	1.7

전문대 및 4년제 대학 졸업자의 수익률

■ 전문대학 (단위:%)
□ 4년제 대학

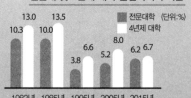

	1982년	1985년	1995년	2005년	2015년
전문대학	10.3	10.0	3.8	5.2	6.2
4년제 대학	13.0	13.5	6.6	8.0	6.7

*24~34세 취업자 대상, 고졸자 급여 대비 대졸자 급여
자료=현대경제연구원

상장기업의 자기자본이익률(ROE)

(단위:%)

1984년	1992년	1998년	2001년	2012년
39.48	19.47	10.47	17.43	11.51

자료=에프앤가이드

주택 투자 수익률

■ 주택 (단위:%)
□ 아파트

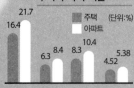

	1980년대	1990년대	2000년대	2010년대
주택	16.4	6.3	8.3	4.52
아파트	21.7	8.4	10.4	5.38

*회사채 수익률을 토대로 한 소득수익률과 매매가격지수
상승률을 토대로 한 자본수익률을 합한 수치
자료=KB연구소, 매일경제

를 모아야 하는 금액이다.

반면 1961년생인 그의 부친은 고려대를 졸업하고 1988년 시중은행에 입사해 첫 연봉으로 500만 원 이상을 받았다. 당시 강남 은마아파트 한 채 값은 5,000만 원이었다. 그만큼 대학 졸업장의 가치가 하락한 것이다. A씨는 "부모님과 살고 있어 월세를 낼 필요는 없다"며 "그래도 지방 출신 동기들에 비하면 훨씬 나은 편"이라고 말한다.

대한민국 경제토양이 척박해지고 있다. 30년 전과 같은 투자나 노력을 하더라도 그 과실은 3분의 1밖에 안 되는 것으로 나타났다. 본격적인 저결실 사회가 도래한 것이다. 이는 매일경제가 에프앤가이드·현대경제연구원과 분석한 상장기업의 자기자본이익률(ROE, Return On Equity), 주택투자수익률, 전문대 및 4년제 대학 졸업자의 수익률에서 잘 나타난다.

1982년 4년제 대졸자의 평균 순임금(대학 졸업을 위한 비용분 고려)은 고졸자보다 13.0% 높았지만, 2015년에는 6.7%로 낮아진 상태다. 허리띠를 졸라매고 자녀 교육에 투자를 하더라도 자녀가 예전 대졸자 만큼 급여를 받기 어렵다는 뜻이다. 노동시장 진입 연령인 24~34세를 대상으로 학력별 급여를 분석한 결과 1982년 대졸자 평균 월급(명목 기준)은 35만 8,274원, 고졸자는 22만 9,205원이었다. 그 격차가 56.3%에 달했다. 하지만 1992년에는 80만 3,086원과 64만 4,009원으로 24.7%로 좁혀졌고, 2015년에는 259만 7,011원과 218만 3,411원으로 18.9%로 줄었다.

졸업에 필요한 등록금 비용까지 감안한 대학 졸업장의 가치인 '대졸자의 투자수익률'을 살펴보면 1985년 13.5%로 정점을 찍은 뒤 1988년 11.2%로 줄었고 외환위기 당시인 1998년 7.6%까지 떨어졌다가 2015 년에는 6.7%로 하락했다. 이는 1990년대 무분별한 신규 대학 인허가에 대학생 수는 급증했지만 그만큼 대학 교육의 질은 따라오지 못한 데다 청년인구 감소에도 정부가 대학 구조조정을 제때 하지 못한 탓이 크다. 정부는 대학 구조개혁 평가 기본계획을 세우고 점수를 충족하지 못하는 대학에 대해 단계적 구조조정을 통해 2023년까지 정원을 16만 명 감축하겠다고 밝힌 상태지만 이미 대학생 수는 폭증한 상태다. 일반대학, 대학원, 전문대학 등을 포함한 전체 고등교육기관 재적 학생 수는 1980년 64만 명에서 2015년 360만 명으로 6배나 늘었다.

자기자본 회수하는 데 2년→10년, 저무는 아파트 불패 신화

지난 30여 년간 코스피 상장사의 평균 자기자본이익률(ROE)도 크게 하락했다. 1982년 46.17%에 달하던 ROE가 꾸준히 떨어져 2015년에는 10.13%까지 추락했다. ROE는 기업이 타인자본(부채)이 아닌 자기자본(주주 지분)으로 얼마만큼 이익을 냈는지를 보여주는 대표적 수익성 지표다. 30여 년 전에는 자기자본을 1단위 늘려서 회수하는 기간이 2년에 불과했다면 지금은 10년이 걸리는 셈이다.

윤창현 서울시립대 교수는 "1980년 100으로 시작한 코스피가 현재

약 20배가 됐는데 ROE가 그동안 지속적으로 떨어졌다는 것은 결국 주식 평가에 있어 분모에 있는 할인율(자기자본비용)이 낮아졌기 때문"이라며 "한마디로 1980년대는 어디다 투자해도 돈을 벌 수 있었지만 지금은 허투루 투자하면 원금 되찾기도 힘든 저성장 시대"라고 설명했다.

1956년 한국거래소가 문을 열 때 상장한 최고령 상장사의 2015년 ROE는 한국 기업의 낮아진 수익성을 압축적으로 보여준다. 최고령 상장사 4곳의 ROE는 각각 한진중공업홀딩스 −11.17%, 유수홀딩스(전 한진해운홀딩스) 10.42%, CJ대한통운 2.01%, 경방 2.55%에 그쳤다.

'아파트 불패 신화'도 저물고 있다. 매일경제가 1987년부터 2015년까지 전체 주택 투자수익률을 분석한 결과 1980년대 16.4%에 달했던 주택의 연평균 투자수익률은 2010년대 들어 평균 4.52%로 떨어진 것으로 나타났다. 1980년대에는 주택을 산 뒤 가격의 두 배를 버는 데 5

2016년 말 서울 송파구의 공인중개사 사무소에 10억 원을 넘는 아파트가 매물로 나와 있는 모습.

년 조금 넘게 걸렸다면, 2010년 이후에는 주택을 산 뒤 16년이 넘어야 비슷한 수익을 낼 수 있는 것이다.

'자고 나면 오른다'는 말로 대표되는 한국 부동산 시장의 급속한 성장은 투기의 전형으로 질타받기도 했지만 한편으로는 중산층의 보편적인 안전 재테크 수단으로 재산 증식에 크게 기여한 것도 사실이다. 이제 그 자리는 '강남 아파트만 오른다'는 주택시장 양극화 기조가 차지하려는 조짐을 보이고 있다. 아파트가 중산층의 보편적 자산형성 수단이라기보다는 부익부빈익빈 현상을 더욱 강화하는 수단으로 기능하기 쉬운 셈이다.

중산층-신분 상승… 붕괴되는 한국사회 두 버팀목

"대치동 학원가에서 아이를 뺑뺑이 돌린다고 해서 신분 상승이 이뤄질 것이라고 기대하진 않습니다. 하지만 남들은 다 그렇게 하는데 우리 아이만 학원을 보내지 않았다가 경쟁에서 도태되면 어떡합니까."

대기업 부장에다 수도권에 본인 명의 아파트도 소유한 A씨(45)는 겉보기에는 어엿한 중산층이다. 하지만 자녀 2명을 둔 A씨 가족은 경제적 고통에 신음하고 있다. 문제는 교육비다. 영어유치원, 사립초, 특목고로 이어지는 신(新) 엘리트코스에서 아이가 미끄러지지 않도록 학원비에 매년 1인당 1,500만 원이 넘는 돈을 쏟아 붓는다. A씨가 자녀 교육을 위해 이사한 서울 강남의 아파트 전세가는 해마다 치솟는다. 그는 "교육비와 전세금 대출 이자를 내고 나면 빈털터리여서 은퇴 후 대비는 생각조차 못 한다"며 "중산층이라곤 하지만 회사에서 잘리면 그야말로 끝장이란 절박감이 든다"고 말했다.

한국 경제·사회 발전을 이끌어온 두 축은 '중산층'과 '신분 상승'이다. 1990년대 중산층은 생산과 소비의 주체이자 사회 안정 기제로서 한국을 떠받쳤다. 동시에 교육은 이런 중산층에게 유일한 신분 상승의 사다리이기도 했다. 공부만 잘하면 판·검사 등 인생 역전을 이룬 사례가 적지 않았다. 그러나 한국 사회를 지탱해온 두 축, 중산층과 교육, 그리고 '하면 된다'는 신화가 무너지고 있다.

매일경제가 현대경제연구원과 2016년 8~9월 국민 1,009명을 대상으로 설문조사를 진행한 결과 중산층 진입과 신분 상승에 대한 기대감이 낮은 것으로 나타났다. 상당수 국민들은 '개천에서 용 난다'는 말에 수긍하지 못했다. '한국에서 개개인이 열심히 노력한다면, 계층 상승 가능성은 어느 정도라고 생각하느냐'는 질문에는 44%가 '낮다'고 답했다. 특히 '매우 낮다'는 응답도 15%에 달했다. 연령별로 20·30대보다 오히려 세파를 겪은 40대가 계층 상승

한국 사회의 계층 상승 가능성은

(단위:%)

매우 높다 1.9
매우 낮다 15
높은 편 13.9
낮은 편 29
그저 그렇다 40.2

*전국 성인남녀 1,009명 대상 유선전화 설문. 95% 신뢰수준에서 오차범위 ±3.09%
자료=현대경제연구원

기대감이 가장 낮게 나타났다. 반면 높다는 답변은 15.8%에 불과했다. 매우 높다는 답변은 100명 중 2명에 그쳤다.

이 같은 인식의 배경에는 현재 사회구조에 대한 불신이 자리 잡고 있었다. '소득 분배가 공정하고 형평에 맞게 이뤄지고 있는가'라는 질문에 대해 100점 만점에 43점이라는 낙제점을 줬다. 또 공정경쟁(46점), 기회균등(48점), 능력에 따른 보상(49점) 면에서도 50점을 넘지 못했다. 특히 국민 10명 중 1명은 대부분 항목에서 20점을 밑돈다고 답해 사회 체제에 대한 불신을 드러냈다.

홍준표 현대경제연구원 연구위원은 "베이비붐 세대의 은퇴가 본격화되는 가운데 자영업으로 쫓겨 간 중산층이 여기서도 실패해 빈곤층으로 떨어져 내리고 있다"며 "극심한 취업난에 출발선조차 찾지 못한 20·30대는 중산층 진입 기회조차 갖지 못한 채 새로운 몰락 경로를 걷고 있다"고 지적했다. 공정경쟁, 소득분배에 대한 불만이 40대와 20대에서 높은 이유다.

상당수 국민들은 분열된 사회를 극복하기 위한 방안으로 '경제적 약자 배려'보다는 오히려 '기회균등'을 꼽았다. 사회 통합을 강화하기 위한 전제조건이 무엇이라고 생각하느냐는 질문에 기회균등이라는 답변이 31.4%를 차지해 가장 많았다. 이어 시민의식 제고 23.6%, 법치주의 정립 19.9%, 경제적 약자 배려 15.4%, 차이를 인정하는 관용 9.7% 순이었다. 이는 2011년 12월 매일경제 설문조사와 크게 달라진 것이다. 당시 설문조사에서는 경제적 약자 배려가 32.1%로 가장 높았고 이어

한국사회 각 항목을 점수로 매긴다면

(단위:점)
*100점 만점

항목	점수
공평한 소득분배	43
공정한 경쟁	46
기회균등	48
능력에 따른 보상	49
민주주의 성숙도	51

*전국 성인남녀 1,009명 대상 유선전화 설문, 95% 신뢰수준에서 오차범위 ±3.09%

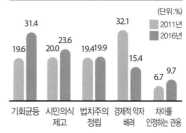

사회 통합을 강화하기 위한 전제조건

(단위:%)
■ 2011년 ■ 2016년

전제조건	2011년	2016년
기회균등	19.6	31.4
시민의식 제고	20.0	23.6
법치주의 정립	19.4	19.9
경제적 약자 배려	32.1	15.4
차이를 인정하는 관용	6.7	9.7

자료=현대경제연구원

시민의식 제고 20.0%, 기회균등 19.6%, 법치주의 정립 19.4%, 차이를 인정하는 관용 6.7% 순이었다.

설문조사 결과 기회균등을 원하는 국민이 지난 5년간 11.8%포인트나 상승한 데 반해 경제적 약자 배려는 16.7%포인트나 떨어진 것이다. 그만큼 국민들이 우리 사회에서 신분 상승의 기회 자체가 줄어들고 있다고 여기고 있다는 얘기다. 신광영 중앙대 교수는 "약자 배려는 제한적인 계층에 대한 이야기고 기회균등은 일반론적 얘기"라며 "일반적 인식이 우선한다는 것은 한국사회에서 이제 약자뿐만 아니라 최상층을 제외한 중산층도 기회문제와 관련해 여러 가지 부당한 일을 겪고 있음을 반영하는 것"이라고 평가했다.

또 '우리사회가 공정한 사회로 발전하기 위해서 무엇이 가장 중요하다고 생각하느냐'는 질문에는 기득권층 특혜 내려놓기(28.5%)와 '법과 원칙에 의한 사회 운영(26.2%)이라는 답변이 절반 이상을 차지했다. 거대담합 구조와 포퓰리즘으로 인해 공정경쟁이 안 된다고 보고 있는 셈이다. 반면 학연, 지연, 혈연 등의 타파(14.2%), 공정·투명한 공직 인사(12.2%), 사회적 약자에 대한 배려(10.8%)라는 답변은 상대적으로 적었다.

한편 설문 조사에서 '본인은 경제적으로 어떤 계층에 속한다고 생각하느냐'는 질문에 국민

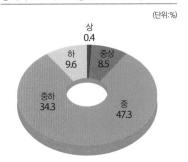

경제적으로 어떤 계층에 속한다고 생각하나

(단위:%)

상 0.4
하 9.6
중상 8.5
중하 34.3
중 47.3

*전국 성인남녀 1,009명 대상 유선전화 설문, 95% 신뢰수준에서 오차범위 ±3.09%   자료=현대경제연구원

10명 중 4명(43.9%)은 본인의 경제적 계층을 '중하층 이하'로 여기고 있는 것으로 조사됐다. 상층, 중상층, 중간층, 중하층, 하층 등 5개 계층 중에 상당수가 중간 이하를 꼽은 것이다.

세부적으로는 '중하층'이라는 답변이 34.3%에 달했다. 저축 여력이 없는 데다 고용 지위도 취약해 언제든 빈곤층으로 떨어질 수 있는 경계선에 서 있다는 얘기다. 더욱이 빈곤층인 하층이라고 답변한 국민도 9.6%를 차지했다. 아직까지 중간층이 47.3%로 가장 두꺼웠지만, 중상층 이상이라는 답변은 8.9%에 불과했다. 특히 월 소득이 300만 원 미만인 경우 중하층으로 생각하는 국민 비율은 61.7%에 달해 오히려 중간층(34.6%) 비율을 2배 가까이 앞섰다. 통계청 조사에서는 중산층을 가리키는 중위소득 50~150% 미만 비율이 67.3%에 달하고 복지, 세금 등을 고려한 기준으로는 72.6%에 달한다. 그만큼 국민 체감이 이에 못미친다는 뜻이다.

대학 **자퇴**하고 패션스쿨 선택한 조윤여 씨

"이제는 대학 나왔다고 취직되는 세상이 아니잖아요. 졸업장에 연연하지 않고 하루라도 빨리 자기 전문성을 키우는 분야를 찾는 게 중요한 것 같습니다." 조윤여 씨(24)는 2013년 전 2년간 다닌 지방 소재 국립 K대학 물리학과를 그만뒀다. 물리를 좋아해 수능점수에 맞춰 큰 고민 없이 진학한 학교였다. 1학년 1학기에는 성적도 잘 나왔고 대학생활도 즐거웠지만 본격적으로 어려운 전공 수업을 듣기 시작하면서 회의가 밀려왔다.

패션 디자이너 조윤여 씨

"대부분 족보를 달달 외워서 시험을 보더라고요. 그대로 4년을 보내면 졸업장은 받겠지만 어디에 가서 뭘 전공했다고 자신 있게 말할 수 없을 것 같았어요." 조 씨가 자퇴 후 선택한 새로운 진로는 '패션'이었다. 다른 4년제 대학 패션디자인학과로 편입하는 것도 고민했지만 그는 학위인정이 안 되는 3년 과정의 패션스쿨에 들어갔다. 학원비는 오히려 대학 등록금의 배로 비쌌지만 4년제 대학을 다니고 또 다시 실무를 배우는 것보다 남는 게 있다는 판단이었다.

"대학생은 방학도 자유롭게 쓸 수 있고 휴학도 많이들 하잖아요. 저도 좀 여유롭게 공부하고 싶어 전공만 바꿔 대학을 계속 다니는 방법도 고민해봤어요. 그렇지만 진로를 바꾸기로 결심한 이상 최대한 효율적인 코스를 밟아야겠다고 느껴서 철저하게 실무를 배우는 곳에 들어갔죠."

부모님은 강하게 반대했다. 그래도 대학은 졸업하는 게 좋다는 권유에 조 씨는 일단 자퇴서 대신 휴학계를 제출하고 서울에 올라왔다. 처음 하는 디자인 공부라 쉽지 않았지만 그래도 재미를 느껴 하루 네 시간만 자며 옷 만드는 일에 열중했다.

패션스쿨을 마친 그는 2016년 초 중국에서 열린 '중국 대학생 입체재단 디자인대회'에서 한국인 최초로 은상을 수상하는 등 실력을 인정받는 어엿한 '디자이너'가 됐다. '게이트리스'라는 여성의류 쇼핑몰을 운영하면서 내년에는 자체 브랜드를 만든다는 계획도 세웠다.

패션계에도 유학파 위주로 학벌을 중시하는 문화가 있긴 하지만 지금으로선 학위를 위해 더

공부할 생각은 없다. 이제 대학 졸업장이 주는 득·실을 고민하는 시대는 지났다고 생각한다. "이제 100세 시대라고 하잖아요. 대학 나오고 취직해서 쉰 살쯤 다시 진로고민을 하는 것보단 일찍 기술 배우길 잘한 것 같아요"

'코리아 엑소더스' 한국, 미래를 잃다

중국행 고민하는 서울공대 교수들

국가경쟁력을 키우는 데 우수 인재 확보는 필수요건이다. 인공지능 '알파고' 시대를 맞아 우수한 이공계 인력 유치는 국가발전의 토대다. 하지만 이공계 인력 국내 유치를 위한 전략 부재, 투자 부족, 경쟁국에 비해 상대적으로 열악한 처우로 인해 '두뇌유출(Brain Drain)'은 오히려 심화되고 있다. 정부와 기업이 연일 이공계 인력 우대와 창의성을 외치지만 말의 성찬뿐이다.

그 모순의 결과는 대한민국 고급 인재들의 이탈로 나타나고 있다.

국내 유수 대학의 교수들이 조국을 등지고 그동안 고려 대상조차 되지 않았던 중국 등으로 자리를 옮기고 있다. 인재에 투자하지 않는 나라, 한국의 산업기술계에 깊숙이 침투해 있는 'B급 국가 바이러스'의 실상이다.

매일경제가 2016년 9월 서울대 공대 교수 74명을 대상으로 설문조사한 결과, '파격적 대우를 약속하면 중국 대학으로 이직할 의향이 있느냐'는 질문에 '그렇다'는 응답자가 10명 중 3명에 달했다. 실제로 최근 한 서울대 공대 교수는 연봉 5억 원에 주택보증프로그램 일환으로 약 10억 원을 추가 지원해줄 테니 교수로 와 달라는 중국 대학의 제안을 받기도 했다. 인력과 자금 면에서 우위를 가진 중국으로 국내 우수 인재들의 이탈이 가속화되고 있는 것이다.

대상을 해외 박사로 넓히면 실상은 더욱 심각하다. 매일경제가 미국 국립과학재단(NSF) 자료를 입수해 분석한 결과 2010년부터 2013년까지 미국에서 이공계 박사학위를 받은 한국인 총 4,683명 가운데 국내로 '유턴하겠다'는 비율이 전체의 3분의 1에 불과한 것으로 나타났다. 반면 미국 체류 의사가 있다는 응답자가 65.1%에 달했다. 계열별로 보면 생물학 전공자의 86.2%가 '미국에 남겠다'

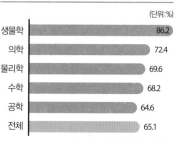

한국 출신 박사 취득자 중
미국 체류 희망자 비율

(단위:%)

생물학	86.2
의학	72.4
물리학	69.6
수학	68.2
공학	64.6
전체	65.1

자료=미국과학재단(2010~2013년)

고 답해 가장 높은 비율을 기록했다. 물리학(69.6%), 수학(68.2%) 등 기초학문 전공자의 잔류비율도 평균치를 넘었다.

국내 인재는 나가고 외국에 나가 있는 인재는 안 돌아오는 것이다. 강태진 서울대 재료공학부 교수(전 공대학장)는 "해외에서 돌아온 고급 인력들이 본격 정착하기 전까지 포스트닥터제도 등을 통해 안정적인 활동무대를 만들어줘야 하는데 한국은 이런 부분에 투자가 안 돼 있다"고 지적했다.

중국은 이미 인재 블랙홀이다. 1994년 중국과학원이 실시한 최초의 해외인재 유치사업 '백인계획'을 시작으로 1997년 '춘휘계획', 1998년 '장강학자장려계획' 등 해외 인재를 자국에 유치하기 위한 노력을 경주해왔다.

특히 중국 정부가 2008년부터 외국 전문가 1,000명 영입을 목표로 실시하고 있는 '천인계획' 프로젝트는 중국 중앙정부 차원에서 추진하는 가장 대표적이고 강력한 해외 인재 유치 사업으로 손꼽힌다. 천인계획을 통해 핵심 기술 발전, 첨단 기술 산업 발전, 신흥 학문 발전을 추진하는 데 필요한 과학자 및 핵심 인재들을 유치해 중국의 경제성장 및 산업고도화를 이루겠다는 것이다.

국내 나노 소재 제조 기술을 세계적 수준으로 끌어올렸다는 평가를 받고 있는 이명수 교수는 2012년 서울대 화학부에서 지린대 화학부 석좌교수로 둥지를 옮겼다. 이 교수는 이듬해 '천인계획'의 외국전문가로 선정됐다. 또 한국 수학계 발전에 기여한 업적을 인정받아 2001년 대한수학회 학술상을 수상하기도 한 곽진호 교수는 2010년 포스텍 수학과 교수직을 퇴직하고 베이징교통대 수학과로 자리를 옮겼다.

선발된 인원은 계약을 맺기만 하면 보너스 명목으로 최대 15만 달러를 제공받고 월급도 본토에서 교육받은 연구원의 수 배에 달하는 것으로 전해졌다.

이처럼 세계 각국에서 초일류 인재를 불러 모아 기술대국으로 우뚝 서겠다는 중국의 '인재굴기'에 국내 교수진조차 혀를 내두르고 있다. 이종호 서울대 공대 기획부학장(전기정보공학부 교수)은 "그동안 학계에서는 중국을 '한 수 아래'로 평가하는 분위기가 있었는데 최근 중국 대학의 연구 실적을 보면 국내 대학을 따라잡았거나 일부 분야에서는 이미 추월했다"면서 "중국 대학이 인재 영입을 본격화하면 소위 말하는 S급 학자들의 경우 대거 이동할 가능성도 있다"고 말했다.

이 같은 불안감은 매일경제 설문조사에서도 잘 드러난다. 서울대 공대 교수 74명 중 32명(43.2%)이 향후 중국과의 연구 경쟁에서 밀릴 가능성에 대해 '매우 그렇다'고 응답했다. 세계 최고 권위의 국제반도체소자학회(IEDM) 학술지에 실린 논문 수에서도 중국은 몇 년 전부터 한국을 압도하고 있다. 서울대 공대에 따르면 2014년 IEDM 학술지에 실린 논문 중 중국학자와 기업인이 작성한 논문은 26편으로 한국(13편)의 두 배였고, 2015년에도 23편으로 한국(15편)에 비해 월등히 많았다.

민경덕 서울대 차세대자동차연구센터장(기계항공공학부 교수)은 "자동차 분야만 봐도 중국 대학의 1개 학과가 한국 대학의 공과대학 전체에

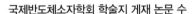

국제반도체소자학회 학술지 게재 논문 수

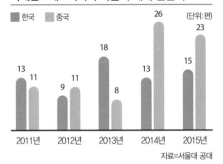

■ 한국 ■ 중국 (단위:편)

2011년 13 11
2012년 9 11
2013년 18 8
2014년 13 26
2015년 15 23

자료=서울대 공대

파격적 대우를 약속하면 중국 대학으로 갈 의향이 있다

무응답 2.7(2명)
그렇다 28.4(21명)
(단위:%)
아니다 68.9(51명)

중국 정부의 인재 양성 정책이 학계 발전에 도움이 되고 있다

무응답 1.4(1명)
그렇다 39.2(29명)
(단위:%)
매우 그렇다 59.4(44명)

향후 10년 안에 내가 속한 학계에서 중국에 밀릴 것

아니다 5.4(4명)
전혀 아니다 1.4(1명)
그렇다 50.0(37명)
(단위:%)
매우 그렇다 43.2(32명)

해당되는 규모의 교수와 학생을 갖추고 있는 경우가 있다"면서 "양은 물론 질적 차원에서 중국이 엄청난 속도로 한국을 따라오고 있거나 이미 대등한 수준을 넘어 추월했을 가능성도 있다"고 설명했다. 또 남경필 서울대 공대 연구부학장은 "하얼빈공대가 선전 캠퍼스를 만드는 데 교수를 정말 필요한 만큼 뽑고 있다"면서 "현재 100명 수준인데 향후 1,500명까지 뽑겠다고 하더라"고 말했다. 그는 "중국은 이미 자기들이 필요하다고 생각하는 분야에 확실하게 투자하는 문화가 자리 잡혀 있다"고 말했다.

전공이나 실력과 관계없이 동일하게 연봉이 책정되는 시스템에서 탈피해 능력 있는 교수에 대한 파격 대우가 가능하도록 사회 분위기와 대학 시스템을 바꿔야 한다는 것이 교수들의 주장이다.

미국 박사학위 65% "2등 시민 되더라도 남겠다"

"한국에 돌아가면 가족들과 생이별해야 할 판입니다. 대학엔 자리가 없고 기업 연구소는 다 지방에 있는데 어떻게 돌아갑니까. 차라리 미국 방산 업체에 취직해서 시민권이라도 따려고 합니다. 보이지 않는 인종차별이 있다고 하지만 2등 시민이면 어떻습니까." 삼성장학금, 국비유학생 등 화려한 스펙으로 미국 S대학에서 공학 박사학위를 딴 A씨(40)는 결국 귀국을 포기했다. 서울 시내 교수 자리는 하늘의 별 따기였고 그마저도 뒷구멍으로 기부금을 요구했다. 공공기관과 대기업 연구소의 채용설명회도 쫓아다녀 봤지만 지방 근무여서 아이들 교육을 위해선 귀국 즉시 가족과 떨어져 살아야 했기 때문이다.

대기업 IT 연구원으로 5년간 근무한 B씨(45)는 3년 전 고심 끝에 미국 대형 연구소로 이직했다. 서울대 공대와 대학원을 나온 B씨는 이직 이유에 대해 "국내 대학이나 대기업 연구실은 윗선에서 정한 기한이나 목표를 맞추기 위해 밤잠을 설쳐가며 쫓기듯 일해야 한다"며 "그러

다 보니 창의적인 연구는 꿈도 못 꾼 채 신제품 개발에만 몰두하는 게 전부"라고 토로했다. "한국에는 연구가 없고 개발만 있을 뿐"이라고 한탄한 그는 "연봉도 2억 원 수준인 데다 자녀 교육여건도 좋아 한국으로 돌아갈 계획은 없다"고 귀띔했다.

국내 이공계 인력의 해외 유출도 심화되고 있다. 과학기술정책연구원에 따르면 외국 취업으로 한국을 떠난 이공계 인력은 2003년 1만 2,312명에서 2013년 1만 8,360명으로 50% 급증했다. 특히 한국을 떠난 박사 학위 보유자 비율은 같은 기간 3,302명에서 8,931명으로 1.7배나 늘었다.

이런 인력유출의 결과는 스위스 국제경영개발연구원(IMD)의 〈2015 세계 인재 보고서〉에 그대로 반영됐다. 전 세계 61개국을 대상으로 두뇌유출지수를 조사한 결과 한국은 3.98로 42위를 차지했다. IMD가

주요국 두뇌유출지수

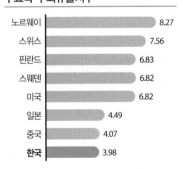

노르웨이 8.27
스위스 7.56
핀란드 6.83
스웨덴 6.82
미국 6.82
일본 4.49
중국 4.07
한국 3.98

*0에 가까울수록 해외로 나간 인재가 국내로 복귀하지 않음을 뜻함 자료=스위스 국제경영개발연구원(IMD)

이공계 학위자 해외 유출

(단위:명)

12,312 / 14,364 / 11,692 / 18,738 / 18,360

2003년 2006년 2008년 2010년 2013년

자료=과학기술정책연구원

고안한 이 지수는 0에 가까울수록 고국을 떠나는 인재가 많다는 의미다. 조사 대상 중 두뇌유출이 가장 적은 나라는 노르웨이(8.27)였고, 미국(6.82) 일본(4.49) 중국(4.07) 등 주요국들은 모두 한국보다 순위가 높았다.

이공계 두뇌유출 원인

(단위:%)

지나친 단기 실적주의와 연구 독립성 보장 어려움 **59**

국내 일자리 부족 **41**

열악한 처우 **33**

연구비 부족 **17**

상명하복 조직문화 **14**

인프라 부족 **10**

생활여건 **7**

*이공계 박사 1,005명 대상 2016년 7월 설문조사(2개 응답 허용)
자료=생물학연구정보센터(BRIC)

우수한 두뇌들의 해외 유출이 가속화되는 이유로는 연구자에 대한 열악한 처우와 근무여건이 지목됐다. 생물학연구정보센터(BRIC)가 2016년 7월 이공계 박사 1,005명을 대상으로 '두뇌유출이 심화되는 이유'에 대한 설문조사를 진행한 결과 '지나친 단기 실적주의와 연구 독립성 보장이 안 되기 때문'이라는 응답이 59%로 가장 많았다. 국내 일자리 부족(41%), 선진국보다 열악한 처우(33%), 연구비 부족(17%)에 대한 지적이 뒤를 이었다.

미국에서 이공계 박사학위를 받은 뒤 해외 대학의 조교수로 임명되면 적게는 8만~9만 달러(약 9,000만~1억 원)를 초임 연봉으로 받을 수 있고, 애플이나 구글 등 글로벌 기업으로 방향을 돌리면 15만 달러(약 1억 7,000만 원)까지 받는다. 하지만 국내 대학 교수는 1년 차 연봉이 국립대의 경우 약 4,000만 원(수당 별도), 사립대는 6,000만 원 수준이다. 미래창조과학부의 2016년 이공계 처우조사에서도 이공계 박사의 연간소득은 평균 7,854만 원으로 나타났다.

2016년 직장인 평균연봉 3,250만 원보다는 높지만 유학비용과 늦은 취업연령을 고려하면 많은 액수가 아니다. 보통 해외에서 박사학위를 밟고 한국에 오는 시점이 30대 중후반. 몇 년 지나 40대가 되면 모아둔 돈도 없이 자녀 교육비, 주거비 등 살인적인 생활비와 마주하게 되기 때문에 자연스레 외국행을 선호하게 된다.

중국은 한국보다 한발 앞서 두뇌유출을 막기 위해 적극적으로 나서고 있다. 중국 정부는 이미 2008년부터 천인계획을 통해 해외에 있는 과학과 공학 분야 우수인재를 국내로 재영입하고 있다.

홍성민 과학기술정책연구원 연구위원은 "연구여건과 처우, 경력계발에서 우수한 인재에게 비전을 보여줄 수 있어야 한다"며 한국판 천인계획의 필요성을 강조했다. 안경현 서울대 공대 교무부학장도 "인재 영입을 위해선 중국의 강점인 천문학적 투자와 신속한 의사결정이 필요하다"며 정부와 기업에 혁신적인 변화를 주문했다.

20대 청년도 40대 가장도 "한국엔 희망 없다"

"이민 후 하루하루가 떠올리고 싶지 않은 시간이었어요. 과연 이 낯선 땅에서 자리 잡을 수 있을까 하는 생각에 두렵기도 했고요. 하지만 한국보다는 나을 거라는 확신이 있었습니다." 서울 중상위권 대학을 졸업하고 2년간 중소기업 영업사원으로 일하던 C씨(29)는 2015년 재수

끝에 미국 이민에 성공했다. 미국 남부의 한 닭 공장에서 1년여 동안 일하는 조건이었다. 이민 비용에만 3,000만 원이 넘게 들었고, 최저 시급도 못 받고 1년간 의무적으로 일해야 하지만 그는 기꺼이 고국을 등졌다.

'코리안 엑소더스(Exodus, 대탈출)'는 석·박사과정을 밟은 고급인재만의 얘기가 아니다. 높은 이민 문턱에도 불구하고 아는 이 한 명 없는 이국타향으로 떠나는 한국인은 갈수록 늘고 있다. 그 결과 소위 '닭 공장 이민'으로 불리는 미국 비숙련 노동자 고용 프로그램(EB-3)이 인기를 끄는 일까지 벌어졌다. EB-3는 식품가공업체, 청소업체, 닭 가공 공장 등 취업 기피 업종에서 1년 동안 의무적으로 일하는 조건으로 영주권을 취득하는 프로그램이다. 보통 불법체류자가 영주권을 받기 위해 이것저것 시도하다 마지막으로 찾던 방법이었지만, 최근 한국인의 지원이 크게 늘고 있다.

미국 연방 노동부 산하 고용훈련국 자료에 따르면 2014년 회계연도 한 해 동안 미국에서 노동허가서를 승인받은 한국인은 모두 2,672명에 달했다. 업계에서는 이 가운데 600~700명 정도가 닭 공장이나 청소업체 등을 통해 이민을 신청하는 것으로 추정된다.

한국인을 가장 많이 고용한 업체는 미국 앨라배마의 닭 공장인 콕푸즈(Koch Foods)다. 이곳에 취업한 한인 노동자는 2011~2012년 18명에 불과했지만 2012~2013년 52명으로 2배 이상 늘었고, 2014년에는 59명에 달했다. 또 한인을 많이 고용한 상위 10개 기업 가운데 절반인

5곳이 연소득 2만 달러, 즉 2,200만 원 안팎의 육류·생선가공업체 등 취업 기피 업종에 속했다. 미국 캘리포니아 주 최저 임금인 3만 7,584 달러 대비 절반 남짓한 돈으로, 당장 먹고살기도 힘든 수준이다.

서울의 한 이민 법률법인 관계자는 "최근 캐나다나 호주 이민이 어려워진 반면 미국의 경우 이민 수속기간이 줄어들면서 비숙련 프로그램에 대한 상담 문의가 늘어나고 있다"고 말했다. 그는 "특히 아직 사회에서 자리 잡지 못한 청년층뿐만 아니라 회사 생활하던 30~40대들의 이민 수요가 많다"며 "상담내용을 보면 돈을 덜 벌어도 야근과 격무에서 벗어나 가족과 시간을 더 많이 가질 수 있다는 기대가 높은 것으로 보인다"고 설명했다.

하지만 닭 공장에서 버텨내 어렵사리 영주권을 받더라도 미국 생활 안착은 쉽지 않다는 게 이민자들의 설명이다. 대학졸업장 등 한국 경력을 전혀 인정받지 못하고 저소득 비전문직 일자리밖에 할 게 없다. 또 불법 이민알선업체에 수천만 원에 달하는 이민 수속비용을 떼이는 경우도 많다.

김수한 고려대 사회학과 교수는 "미국 닭고기 공장에서 일하더라도 이민을 가고 싶어 한다는 것은 그만큼 현재 한국 청장년층이 처한 현실이 어렵다는 방증"이라며 "청년층의 소득을 높이고 안정된 일자리를 제공해야 이 같은 사회 문제를 일차적으로 해결할 수 있다"고 지적했다.

급속한 **경쟁약화**가 또다른 **위기** 불러올 수도

김세직 서울대 교수

김세직 서울대 교수는 2016년 9월 매일경제와의 인터뷰에서 "지난 20년 동안 한국 경제의 장기(잠재)성장률이 5%마다 1%포인트씩 규칙적으로 떨어졌다"며 "구조개혁이 제대로 이뤄지지 않은 상태에서 강력한 내·외부 충격이 온다면 0%대 추락시점이 더 앞당겨질 가능성도 완전히 배제할 수 없다"고 경고했다. 사회전반의 경쟁 약화가 전반적인 투자 효율성을 떨어뜨리면서 제로성장 위기를 현실로 만들었다는 지적이다.

김 교수는 잠재성장률 추락의 근본적 원인으로 자본주의 체제의 효율성과 역동성의 핵심인 '경쟁'이 급속도로 약화되고 있는 것을 원인으로 짚었다. 2000년대 이후 이미 대기업으로 성장한 상대적으로 적은 수의 기업들이 시장에서 독과점적 지위를 강화함에 따라 경쟁기업의 숫자 자체가 제한됐다는 것이다. 실제로 LG경제연구원이 한국·미국·일본의 각각 설립 5년차 이하 젊은 기업의 비중을 비교한 결과 2015년 기준 미국의 젊은 기업 비중은 11.5%에 이르는 반면 한국은 3.3%, 일본은 1.8%에 수준에 그친 것으로 나타났다.

개인 차원에서 경쟁하는 교육에서도 개인의 능력이 아니라 부모 재력에 따라 승자가 결정되는 구조가 굳어지고 있다. 김 교수가 서울시 구별 소득 자료, 부모 잠재력과 자녀 잠재력의 상관관계 등을 이용해 타고난 잠재력 차이가 불러오는 서울대 입학 확률 차이를 추정하고 이를 실제 데이터와 비교한 결과가 이를 뒷받침한다. 타고난 잠재력, 즉 인적자본 차이로 설명할 수 있는 입학 확률 차이는 2배를 넘지 않았지만 실제로 관찰된 소득수준에 따른 구별 입학률 차이는 10~20배에 이르렀다.

김 교수는 창의성과 경쟁 인프라를 살릴 수 있는 구조개혁이 해법이라고 지적했다. 김 교수는 "부모의 경제력과 상관없이 자신의 능력만으로 학생들이 실질적으로 경쟁에 참여할 수 있도록 입시 제도를 개혁하고 우수한 잠재력을 가진 창업가들이 성장할 수 있도록 다양한 개혁방향이 마련돼야 한다"고 지적했다.

88둥이의 좌절,
편의점에 비친 한국사회 자화상

88둥이의 좌절

혁신과 경쟁이 사라지고 일부 대기업, 고소득자, 50·60대 고학력자만이 기득권을 향유하고 있는 한국사회. 이 속에서 눈물을 훔치며 힘겹게 나날을 보내는 계층이 있다. 바로 아직 취업 문턱을 넘어서지 못한 20대 청년들이다. 이들의 눈에 비친 한국사회는 어떤 모습일까. 20대 청춘 마지막을 살고 있는 88둥이(1988년 출생)를 추적해봤다. 이들은 이구동성으로 '꿈과 희망이 없다'고 말했다.

서울 소재 하위권 대학을 나온 A씨(88년생)는 만 3년째 취업 준비 중

1988년 9월 17일부터 10월 2일까지 제24회 서울올림픽이 열렸다. 올림픽은 대한민국 번영의 상징이었지만 역설적으로 1988년 태어난 '88둥이'는 최악의 실업난으로 고통 받고 있다.

이다. 번듯한 금융권에 입사하기 위해 경영학과에 입학한 그는 3점대 후반으로 대학을 졸업했다. 졸업 후 지난 2년 간 로펌, 제2금융권 등 가리지 않고 3~4군데 인턴도 했다. 하지만 현실의 벽은 높았다. 대기업 및 금융권 입사는 '언감생심'이고 2년 전 낮게 보았던 제2금융권도 경쟁률이 수십 대 1을 가볍게 넘는다. A씨는 인터뷰에서 "30살이 되기 전에 정규직 자리를 꿰차고 싶은데 뜻대로 안 됐다"며 "이렇게 시간만 흐르다 취업낭인이 되는 것 아닌지 모르겠다"고 밝혔다.

매일경제가 통계청의 2016년 3월 경제활동인구조사 마이크로데이터 원시자료를 분석한 결과 1988년생(2016년 기준 만 28세)의 공식 실업률은 6.9%, 체감실업률은 16.9%에 달했다. 10년 전만 해도 20대 막바지

엔 일을 하는 것이 '정상'이었는데 이제는 구직의 불안이 이들 20대 후반 연령대까지 연장된 것이다.

이 같은 구직난은 '좋은 학군' 출신도 예외가 아니었다. 매일경제가 강남 8학군 소재 A고교와 수도권 B외고의 총 2학급 소재 파악이 가능한 59명을 조사한 결과 18명이 구직자 혹은 공무원 시험 준비자였다. 체감 실업률이 도합 30%에 달한다. 이는 상대적으로 '잘된 케이스'가 많다보니 눈이 높아진 청년들이 취업을 '유예'하고 있는 것으로 풀이된다. A고를 나온 B씨는 "돌이켜보면 교대나 경찰대 등 일찌감치 직업이 정해지는 대학교로 진학한 친구들이 번듯한 직장에다 여자친구까지 사귀며 여유 넘치는 삶을 살고 있다"며 "끊임없이 고용불안에 시달리는 사기업에 와보니 왜 부모님이 이전부터 공무원 노래를 불렀는지 새삼 느꼈다"고 밝혔다.

나름 한국판 '소황제'였는데…

사실 이들 88둥이의 유년시절은 그리 나쁘지 않았다. 박세리가 전성기 때 골프를 하는 모습을 보고 꿈을 키운 '세리키즈', 글로벌 마인드를 갖춘 G(Global)세대, 용감하고(Valiant) 다양하고(Various) 발랄한(Vivid) 정신을 갖고 승리의 V자를 그릴 줄 아는 V세대. 대한민국이 전성기를 달리던 1988년에 태어난 이른바 '88둥이'에 붙여진 수식어들이다. 당시 88둥

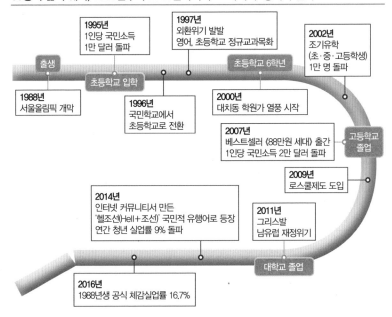

88둥이 삶의 궤적, 1988년부터 2016년까지 주요 사회적·경제적 변화

출생

초등학교 입학

1995년
1인당 국민소득
1만 달러 돌파

1997년
외환위기 발발
영어, 초등학교 정규교과목화

초등학교 6학년

2002년
조기유학
(초·중·고등학생)
1만 명 돌파

1988년
서울올림픽 개막

1996년
국민학교에서
초등학교로 전환

2000년
대치동 학원가 열풍 시작

2007년
베스트셀러 《88만원 세대》 출간
1인당 국민소득 2만 달러 돌파

고등학교
졸업

2009년
로스쿨제도 도입

2014년
인터넷 커뮤니티서 만든
'헬조선(Hell+조선)' 국민적 유행어로 등장
연간 청년 실업률 9% 돌파

2011년
그리스발
남유럽 재정위기

대학교 졸업

2016년
1988년생 공식 체감실업률 16.7%

이 아버지들은 주택과 자동차를 구매하며 이른바 '마이홈·마이카' 시대
를 연 주역이기도 하다.

물론 88둥이는 초등학교 때 냉혹한 아픔을 겪기도 했다. 1997년 외
환위기 사태로 아버지들이 실직하면서다. 하지만 그럼에도 당시 경제
는 2~3년 후 회복세로 돌아섰고 1950년대 중반~1960년대 중반에 태
어난 이들 부모들은 물심양면으로 88둥이들을 키웠다. 실제로 이들 88
둥이의 사교육 경험비율은 87%, 해외 방문 경험비중은 42.3%에 달한
다. 이른바 한국판 소황제가 바로 88둥이었던 셈이다.

하지만 88등이가 원하는 좋은 직장은 갈수록 씨가 마르고 있다. 조선·해운 구조조정 여파로 대기업은 투자와 고용을 동시에 줄이고 있다. 그나마 정부가 공공부문(공공기관+공무원) 일자리를 늘리겠다고 했지만 그마저도 예년에 비해 1~2만 명 더 늘리는 수준이라 매년 10만 명 이상이 취업을 못해 발만 동동 구르고 있는 현실을 타개하긴 역부족이다.

이 같은 상황에서 고스펙 대졸자들이 저임금 일자리로 갈 수밖에 없는 이른바 '일자리 미스매치' 현상이 일어나고 있다. 고등학교와 대학교를 모두 미국에서 나온 C씨의 사례가 대표적이다. C씨는 그동안 억대 교육비를 써가며 유학을 하고 돌아왔다. 하지만 유명한 외국대학이 아닌 데다 한국 사정에도 밝지 못하다보니 귀국 후 1년 간 구직활동을 했지만 대기업 문턱을 넘지 못했다. 결국 그는 직원이 30명도 안 되는 중소기업에 취직해 수출 관련 서류 업무를 맡고 있다. C씨는 영어에 능숙해 일을 척척해내면서도 "이 정도 페이퍼워크를 하기 위해 수억 원의 학비를 들어 외국에 나갔어야 하는지 의문이 든다"고 밝혔다. 한마디로 수지 안 맞는 장사를 여태껏 한 셈이다.

그나마 C씨는 '눈을 낮춰' 직장에 들어간 사례다. 하지만 주위를 둘러보면 30살이 되고도 아직 공무원·전문자격증 시험에 몰두하는 사람들이 많다. D씨는 변호사가 되고자 로스쿨 진학을 시도했지만 번번이 낙방하면서 친구들과 담을 쌓았다. 그의 부모는 외동딸인 그를 위해 아낌없는 투자를 했다. 유치원 때 영어학원에 다녔고, 중학교에 진학해서는 1년간 중국 유학도 다녀왔다. 피아노·바이올린 학원도 다녔다. 글로벌 감각을 갖춘 그는 자연스레 '국제 변호사'라는 꿈을 꿨다. 하지만 현실은 냉정했다. 사법시험 선발 인원이 점점 줄면서 합격이 어려워지자 로스쿨로 눈을 돌렸고, 로스쿨 시험에 매

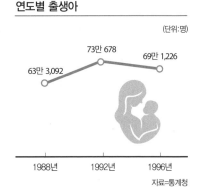

연도별 출생아

(단위:명)

63만 3,092

73만 678

69만 1,226

1988년   1992년   1996년

자료=통계청

진했지만 세 번 내리 낙방했다. 불면증에 시달릴 정도지만 그는 다시 로스쿨 입시를 준비하고 있다. D씨는 "정말 열심히 살았는데 왜 안 되는지 이해할 수 없다"고 말했다.

곽금주 서울대 심리학과 교수는 "88둥이들은 어릴 때부터 인터넷을 비롯한 각종 미디어를 끊임없이 접하면서 뉴욕 월가 펀드매니저 등 글로벌한 직업을 꿈꿨던 세대"라며 "이상과 현실 사이에서 균형점을 찾기 어려울 수 있다"고 설명했다.

기취업자도 취업난에 울상… 90·92둥이는 더 암울

기취업자에게도 취업난은 '족쇄'다. 직장이 적성과 안 맞아 나와서 다시 준비하려고 해도 '최악의 실업난' 때문에 선뜻 움직이지 못하고 있

기 때문이다. 실제로 남들이 모두 부러워하는 대기업에 다니는 직장인 초년생 중 상당수가 '다른 일을 하고 싶은데 옴짝달싹 못하고 있다'며 자조하는 게 현실이다.

더 큰 문제는 88등이 후배들이다. 1988년 출생자가 63만 명인 데 반해 1992년생은 73만 명으로 무려 10만 명이 더 많다. 88서울올림픽 이후 중산층이 두터워지면서 대거 아이들을 낳았기 때문이다.

인구학자들은 한국에서 한해 약 40여만 개의 '좋은 일자리'가 만들어진다고 말한다. 베이비부머 세대(평균 100만 명)의 약 30~40%가 대졸자였는데 이들이 은퇴를 하면서 해당 자리가 새로 생기기 때문이다.

하지만 1992년생과 40만 개는 무려 '30만 이상'의 차이가 난다. 단순 계산하면 1992년생의 약 40%가 저임금에 시달릴 가능성이 높다는 이야기다. 한 인구학자는 "최소한 5~10년 동안은 청년실업 문제가 구조적으로 해소되지 못할 것"이라고 진단했다.

이에 청년실업 해결을 위해서는 '사회적 대타협' 수준의 획기적인 대책이 필요하다는 지적도 나온다. 분당에서 소아청소년정신과를 운영하고 있는 김성찬 원장은 "사회구조적으로 청년들의 눈높이는 기성세대가 높은 것"이라며 "개인을 위해 큰 목표달성에 치중하기보다 앞에 있는 작은 장애물 하나씩 넘는 데 집중하는 것이 필요하다"고 말했다.

이처럼 이들 20대 중후반 청년들은 '최악의 실업난'에 허덕이고 있다.

40·50대 자영업자 '한숨 나온다'

하지만 이들만 어려운 것일까. 매일경제는 우리 사회의 또 다른 약한 고리를 파헤쳐 봤다. 바로 편의점에서 일하는 20대 학생, 그리고 이들을 고용하는 40·50대 자영업자다. 경기가 어려워지면서 직장에서 해고당한 40·50대가 자녀교육 및 노후 마련을 위해 자영업에 너도나도 뛰어들고 있다. 하지만 이들 앞에 돌아오는 것은 '가맹본부 갑질'과 '무한 경쟁으로 인한 이익 감소'다. 이들 중 일부는 빚에 허덕이고 있다고 하소연한다.

이들 편의점에 고용된 사람은 대부분 20대 초중반 '흙수저'들이다. 이들은 경제 피라미드 맨 하위층에 위치하면서 '임금체불', '부당 대우' 등으로 시름을 앓고 있다.

편의점을 운영한 지 3년째인 E씨(49)는 최근 가슴에 응어리가 맺혔다. 직장을 내몰리듯 그만두고 '누구나 한다'는 치킨집 대신 성장세가 두드러진 편의점 개업을 선택했다. 하지만 프랜차이즈 본사와 건물주라는 두 '갑(甲)' 사이에 끼어 남는 게 없다. 권리금, 보증금을 포함해 초기 투자비용만 1억 원 가까이 들었지만 하루 매출은 150만 원 안팎이다. 적지 않은 돈 같지만 월 200만 원의 임차료와 100만 원이 넘는 각종 공과금, 450만 원인 아르바이트생 급여비용 등을 떼고 나면 한 달에 손에 쥐는 돈은 200만 원 안팎이다.

E씨는 "대학 근처나 교통 요지에 매장을 열려면 임차료만 월 500만

편의점 점주 연령별 비중

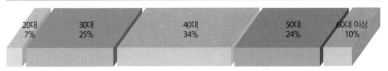

| 20대 7% | 30대 25% | 40대 34% | 50대 24% | 60대 이상 10% |

자료=cu

편의점주 F씨(47)의 한 달 예상 수익과 지출

항목	금액	설명
평균 매출액	4,500만 원	일일 평균 300명이 5,000원어치 구매 시
비용총액	4,271만 원	
부가세 납부	450만 원	부가가치세율 10% 적용
물품 구매비	2,835만 원	부가세 차감 매출액의 70%
프랜차이즈 수수료	360만 원	점주 70%, 본사 30% 수익 배분
인건비	400만 원	평일 2명, 주말 3명 근무 (최저임금 6,030원)
임대료	126만 원	보증금도 월세로 계산한 환산 임차료 기준
보험료, 전기료 등	100만 원	
순이익	229만 원	

*본인 근무를 최소화한 기준

생활밀착업종 임차료 얼마나 되나

(단위:만 원)

약국	141
편의점	126
제과점	124
부동산 중개업소	85
세탁소	81
꽃가게	78
노래방	105
PC방	122
당구장	117
평균	100

*2012~2014년 전국 평균, 보증금 고려한 환산 임차료
자료=국세청

서울시내 업종별 시급 얼마나 차이 나나

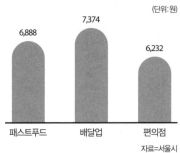

(단위:원)

| 패스트푸드 | 배달업 | 편의점 |
| 6,888 | 7,374 | 6,232 |

자료=서울시

원이 넘기 때문에 엄두도 못 낸다"며 "아르바이트생들에게 '갑'으로 인식되면 마음이 아프다"고 말했다. 편의점주 3명 중 1명(34%)은 40대다. 치킨집 등 다른 자영업을 해봤지만 예상보다 수익이 적어 접었거나, 이른 나이에 은퇴를 했지만 자본도 없고 그렇다고 전문 기술도 없는 40대들이 편의점 창업을 선호해서다.

서울 지역 한 대학가에서 편의점을 하는 F씨(47)는 중소기업 영업사원으로 일하다 회사가 힘들어지자 최소 노동과 자본으로 월 200만~250만 원의 수익을 올릴 수 있다는 소식을 접하고 2년 전 편의점을 열었다. 그는 프랜차이즈 수수료, 인건비, 임차료 등을 빼고 한 달에 229만 원을 번다. F씨는 "야간에만 아르바이트생을 고용하면 400만 원까지는 벌 수 있다"면서 "주변에 편의점이 늘고 있어 요즘 걱정이 많다"고 말했다.

통계청 최근 발표에 따르면 자영업자 5명 중 1명은 월 100만 원도 못 벌어들이는 것으로 드러났다.

편의점으로 몰리는 20대들

편의점에서 만난 대학 3학년생 G씨(25)는 벌써 1년째 편의점 아르바이트를 하고 있다. 낮에 대학 수업과 과제 취업 준비에 열중하다 지친 몸을 이끌고 매일 4시간씩 주말도 없이 일하기란 쉽지 않다. 임금은 시간당 6,030원인 최저임금을 간신히 넘는 6,300원 남짓이지만 수업료와 월세, 식비 등을 따지면 그만둘 수도 없다. F씨는 "아예 50% 시급을 더 받는 야간 시간대로 옮겨 달라고 했지만 '밤에 빠지는 일이 잦은 대학생보다는 어르신들이 낫다'는 답만 돌아왔다"며 "이제는 월급 50만 원짜리 직장을 두고 부모님 세대와 다퉈야 할 판"이라고 토로했다.

기술이 부족한 20대 초중반 학생들은 주로 편의점에서 최저시급을 간신히 채우며 일하고 있다. 학비와 생활비 등을 마련하기 위해서다.

업계에 따르면 서울 편의점 아르바이트생 10명 중 9명이 20대 학생이다. 이들은 보통 시급 6,232원(2016년 기준)을 받는다. 같은 서비스직종인 패스트푸드점(6,888원)이나 배달업(7,374원)보다 아래다. 편의점 아르바이트를 하고 있는 H씨(24)는 "그마저도 수습·교육기간이란 명목으로 초반 1개월 정도는 최저임금보다 더 낮게 받곤 한다"고 밝혔다. 일부 업주들은 임금·고용조건 등을 허위 기재한 '분식 계약서'를 들이밀기도 한다.

자영업 위기는 곧 중산층 몰락 신호

PC방 치킨집에 이어 편의점은 중산층의 새로운 몰락 경로가 되고 있다. 잘돼도 망하고 못돼도 망한다. 당장 편의점 3만 개 시대를 맞아 과잉 경쟁으로 인해 '제 살 깎아먹기'가 급증하고 있다.

거리 하나에 편의점 3~4개는 보통이고, 편의점 신규 출점 거리 제한도 같은 프랜차이즈에만 해당돼 실효성이 없다. A편의점 관계자는 "창업하면 3분의 1은 성공, 3분의 1은 보통, 3분의 1은 실패로 귀결되는 분위기"라며 "하루 150만 원의 매출을 올린다면 그나마 보통은 하는 셈이지만 편의점이 워낙 많이 생기다 보니 경쟁이 치열할 수밖에 없다"며 "아르바이트 비용도 아끼려고 가족들이 나와서 일한다"고 말했다.

잘되는 편의점도 해피엔딩을 보긴 힘들다. 건물주의 '먹잇감'이 되기 때문이다. 노량진 외곽 건물에서 10년째 운영해온 I씨(60)의 편의점은 60㎡의 작은 규모에서 매월 200만 원 정도의 수익을 올리며 알짜 취급을 받았다. 하지만 돈이 된다는 걸 안 건물주는 임대기간이 끝나자마자 권리금조차 주지 않은 채 I씨를 내보냈고, 지금 그 자리에선 건물주의 딸이 편의점을 운영하고 있다.

최근 줄어드는 자영업자 비율

단위:%

23.1 23.2 22.5 22.1 21.4

559 572 565 565 556

2011년 2012년 2013년 2014년 2015년

*비율은 전체 취업자 대비   자료=통계청

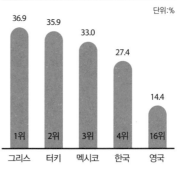

OECD회원국 중 자영업자 비율 상위권

단위:%

36.9 35.9 33.0 27.4 14.4

1위 2위 3위 4위 16위

그리스 터키 멕시코 한국 영국

*2013년 기준(무급가족종사자도 포함)
자료=경제협력개발기구(OECD)

조준모 성균관대 경제학과 교수는 현재의 청년·자영업 위기가 서비스업종의 낮은 생산성 문제를 넘어 경직된 노동시장, 산업구조와 맞물려 있다고 지적했다. 그는 "고령화 시대에 맞춰 임금체계를 '가늘고 긴' 형태로 개선해야 한다"면서 "현재 정년이

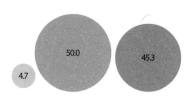

절반 이상 한 해 5,000만 원 못 벌어

단위:%

4.7 — 1,000만 원 미만
50.0 — 1,000만 원 이상~ 5,000만 원 미만
45.3 — 5,000만 원 이상

*2015년 기준, 비율은 전체 자영업자 대비
자료=통계청 가계금융·복지조사

60세로 늘어났지만 임금피크제와 성과가 연동된 임금구조가 정착될 때 고용과 소득의 안정성을 달성할 수 있다"고 제언했다. 근로소득자가 자영업자로 전직하기 전에 임금피크제 등을 통해 직장생활을 오래 연장할 수 있도록 유도해야 한다는 것이다.

청년수당 vs. 청년할당 vs. 기본소득

10%대에 근접한 청년실업률을 낮추기 위해서는 어떤 대책이 필요할까. 시민사회·정계·학계 등에서 논의되는 갈래는 크게 3가지다. 사후복지(청년수당, 기본소득)와 사전 일자리 나누기(청년할당)이 그것이다.

우선 사후복지에 해당하는 청년수당과 기본소득을 살펴보면 다음과 같다. 두 개념 모두 구직활동을 하는 청년들에게 월별로 수십만 원의 비용을 지급하는 것을 말한다. 청년들은 국가로부터 지급받은 돈을 가지고 사진촬영, 식비 등 구직활동을 할 때 꼭 필수적인 활동들을 할 수 있다. 다만 이 둘의 차이점은 '이행 의무'가 있느냐에 있다. 청년수당의 경우 활동목표와 월별 활동계약 등 수당을 지급받은 기간 동안 구직활동을 했음을 청년들이 증명해야 한다. 반면 기본소득의 경우 이 같은 사후 증빙자료가 필요 없다. 일정요건만 만족하면 '묻지도 따지지도 않고' 재원을 지급한다는 개념이기 때문이다. 청년수당의 대표적인 예는 박원순 서울시장이 2016년 추진한 청년활동지원비다. 만 19∼29세 청년(1년 이상 서울 거주자) 중 구직활동을 하는 자에게 최대 6개월간 50만 원을 지급하는 것이 골자다. 기본소득은 아직 한국에선 본격적으로 도입되진 못했다. 다만 선진국에선 급속도로 논의가 진행되고 있다.

이는 모두 일자리 파이를 늘리기보다는 일을 구할 수 있도록 청년을 지원하는 개념이다. 국가부채가 계속 늘어나고 있는 상황에서 이 두 제도를 시행하기는 힘들지 않느냐는 회의론이 많다.

반면 청년실업을 해결하기 위해 일자리 자체에 매스를 든 개념이 있다. 바로 청년할당제다. 청년할당제란 사전적으로 일자리 자체의 일부를 청년에게 '할당'하자는 개념이다.

대표적인 예가 매니페스토실천본부가 추진하고 있는 '지역축제 청년할당제'다. 연간 약 3조 원이 넘는 지역축제지만 조직위원회 구성원은 대부분 4·50대 장년층이다. 이로 인해 모 유명 트로트 가수는 1년에 200번 넘게 초빙가수로 위촉되는데 청년들은 단순히 인턴으로 '열정페이'만 받고 있다. 이광재 한국매니페스토실천본부 사무총장은 "이에 따라 지역축제 중 일부를 지역 청년문화단체에 할당하고 대신 그만큼 의무(정책평가단 참여)를 부여하는 안을 추진하고 있다"고 밝혔다. 일자리를 청년에게 나누되 그와 비례해 의무를 부여하는 방식인 셈이다.

PART

3

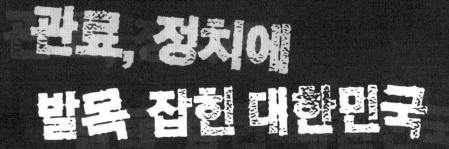

관료, 정치에
발목 잡힌 대한민국

헛돈 쓰는 정치권·정부, 망가진 시스템

50년 묵은 지방 예산 시스템, '칸막이 예산'

10년간 5조 원 계획예산을 다 쓰고도 2조여 원이 더 필요하다는 육군 병영생활관 현대화사업, 연간 15조 원 이상이 각 부처에 흩어져 투입되고도 성과가 불투명한 일자리 예산, 인구는 줄어들고 있는데 늘어만 가는 교육예산은 2016년을 뜨겁게 달군 예산 이슈였다. 헛돈 쓰는 정부와 제대로 기능하지 못하는 정치권은 망가진 시스템의 표상인 셈이다.

경상북도 교육청 산하 학교의 학생 수는 2011년 38만 176명에서

2015년 33만 8,417명으로 12.3%나 줄었다. 하지만 같은 기간 교원 수는 0.8%(154명) 줄어드는 데 그쳤다. 이런 상황에서 교원 1인당 인건비는 2011년 6,200만 원에서 2015년 7,000만 원으로 껑충 뛰었다. 교원들이 퇴직을 안 하고 눌러앉으면서 호봉이 높아지고 이에 따라 전반적으로 인건비가 급상승했기 때문이다. 반면 경상북도 지방자치단체 재정 상황은 열악하다. 고령화로 인한 복지 수요 증대로 재정자립도가 2011~2015년 28~30%에 머물렀다. 전국 평균(2015년 기준 50.6%)보다 크게 낮은 수준이다. 같은 지역인데도 교육청은 '여유 있고', 지자체는 '허덕이는' 상황인 것이다.

이처럼 상식적으로 이해가 가지 않는 지방 재정 운용은 문제 해결 능력을 잃어버린 대한민국의 부끄러운 민낯이다. 세계에서 가장 빠른 속도의 고령화로 229개 시·군·구 가운데 65세 이상 인구가 20%를 넘는 '초고령사회' 지자체가 86개(37.6%)나 된다. 이들 지방자치단체 대부분이 복지비 부담 급증 때문에 재정자립도가 30%에도 못 미치고 있다. 다른 한편으론 10년 넘게 계속된 저출산 문제로 전국 초·중·고교 학생 수가 2000년 795만 명에서 2015년 609만 명으로 급감했다. 지금 그대로 있어도 교원 1인당 학생 수는 5년 뒤 경제협력개발기구(OECD) 평균 수준으로 떨어진다.

이 같은 모순이 생기는 이유는 중앙정부가 세금을 걷어 지자체에 주는 돈과 지방교육청에 주는 돈을 '칸막이' 쳐놓는 지방 재정 시스템 때문이다. 1969년 완성된 이 제도는 모두가 못살던 시절 '교육에 쓰는 돈은 우선 확보해야 한다'는 논리로 만들어졌고 1990년대 말까지 이어진 노동 투입 위주 고성장 시대를 뒷받침했다.

하지만 50년 가까이 된 제도를 한 번도 손대지 않다보니 부작용이 속출하고 있다. 조기현 한국지방행정연구원 지방재정연구실장은 "한국은 양질의 교육서비스가 인구를 유입시키는 가장 큰 유인 중 하나"라며 "하지만 지자체가 교육청 관할에 개입할 수 없어서 주민 수요에 맞는 교육서비스를 제공하지 못하고, 그 결과 지방 경쟁력이 악화돼 지방재정 자립도가 떨어지는 악순환이 벌어지고 있다"고 진단했다.

지자체 돈 없어 '쩔쩔' 교육청 곳간엔 인건비만 5,000억 '쿨쿨'

'아직 한국의 교육재정 투자 수준이 선진국에 비해 뒤처지는 것 아니냐'는 인식이 있다. 하지만 숫자상으로만 보면 교육재정 '투입' 수준은 이미 경제협력개발기구(OECD) 평균을 뛰어넘었다. 2012년 기준 정부지출 대비 공교육비 비중은 9.6%로 OECD 평균 8.3%를 훨씬 상회했다. 고등학교 교사 기준 2015년 1인당 연봉은 5만 4,189달러를 기록해 OECD 평균(4만 4,600달러)보다 15%나 높았다. 교원 1인당 학생 수도 초등학교 기준 2000년 32.1명에서 2015년 17명으로 확 줄어 OECD 수준에 근접했다. 문제는 중앙정부나 지방자치단체 재정에 비해 상대적으로 여유 있는 지방교육재정이 효율적으로 쓰이지 못하는 데서 비롯

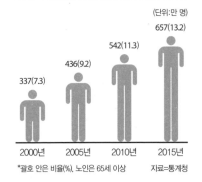

노인인구 빠른 속도로 늘어나

(단위:만 명)

657(13.2)

542(11.3)

436(9.2)

337(7.3)

2000년 2005년 2010년 2015년

*괄호 안은 비율(%), 노인은 65세 이상 자료=통계청

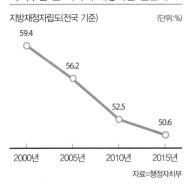

복지부담 큰 지자체 재정자립 힘든데

지방재정자립도(전국 기준) (단위:%)

59.4

56.2

52.5

50.6

2000년 2005년 2010년 2015년

자료=행정자치부

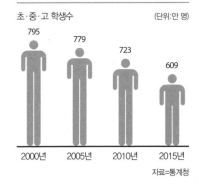

학생수 빠른 속도로 줄어도

초·중·고 학생수 (단위:만 명)

795

779

723

609

2000년 2005년 2010년 2015년

자료=통계청

지방교육 예산은 급격하게 늘어

(단위:조 원)

▨ 지방교육재정 총액 ▨ 지방교육재정 인건비

54.3

35.7

43

26.8

32.6

20

19.7

12.6

2000년 2005년 2010년 2015년

*결산 기준, 2015년만 예산 기준 자료=교육부

된다는 것이다.

단적인 예가 천문학적인 인건비 불용액(쓰지 못하고 남는 돈)이다. 2015
년 시·도 교육청 예산 불용액은 1조 6,911억 원에 달하는데 그중 약
30%인 5,032억 원이 인건비 불용액이다. 시설비(4,293억 원), 예비비(3,762
억 원) 등이 그 뒤를 이었다. 교육 인건비의 교육예산 대비 불용액 비율

은 1.4%로 나라 전체 예산 불용률 0.8%의 약 2배다. 내국세의 20.27%를 무조건 교육비로 전용하게끔 한 법을 믿고 예산안을 선심 쓰듯 '펑펑' 짜고 있다는 비판이 나온다.

반면 지자체는 만성적인 예산 부족에 시달리고 있다. 2015년 지방재정자립도는 전국 평균 50.6%에 불과하다. 지자체에서 쓰는 돈의 절반 정도만 지자체 수입으로 해결하는 셈이다. 이 숫자는 1995년 63.5%에서 20년 만에 12.9%포인트나 떨어졌다. 같은 지역을 관할하면서도 교육청은 곳간이 남아돌고 지자체는 곳간이 부족한 '빈익빈 부익부' 현상이 벌어지고 있는 것이다.

전문가들은 국가 전체적인 지방 재정의 비효율성을 근본적으로 뜯어고치는 작업이 필요한 시점이라고 지적한다. 안종석 조세재정연구원 선임연구위원은 "지방 재정 효율화를 위해서는 실제 수요를 고려해서 분야별로 예산을 짜야 한다"며 "칸막이식 구분을 없애고 지방재정과 지방교육재정을 통합해야 한다"고 밝혔다.

하지만 법을 바꿔야 하기 때문에 정부는 막상 힘을 쓸 수가 없고, 국회는 지역주의에 휩싸인 의원들 때문에 바꿀 의지가 없다. 당장 중앙정부가 지자체와 교육청에 돈 더 보내라는 법안만 내놓을 뿐 전체적인 국가 시스템을 고치겠다는 목소리는 어디에서도 들리지 않는다. 국가 시스템의 근본 개혁이 불가능한 'B급 국가 바이러스'에 걸린 셈이다.

196개 일자리사업에 15조 헛돈, "차라리 n분의 1로 나눠줘라"

'고용촉진지원금, 지역고용촉진지원금, 장년고용지원금, 장년고용안정지원금, 출산육아기고용안정지원금, 고용유지지원금, 고용창출지원금….'

비슷한 이름의 이들 사업은 2016년 정부가 운영 중인 '고용장려금' 사업들이다. 정부는 고용장려금 명목으로 4개 부처에서 총 20개 사업에 2조 8,000억여 원의 나랏돈을 쏟아 부었다. 2조 8,000억 원은 연봉 3,000만 원짜리 정규직 일자리를 해마다 9만 3,000개 만들 수 있는 규모다. 한국 일자리가 연 30만 개씩 늘어나는 것을 감안하면 엄청나게 큰돈이다. 막대한 예산이 들어가는 사업이지만 얼마나 고용을 '장려했는지'에 대해서는 제대로 된 분석조차 없다. 정부 고위 관계자마저 "차라리 예산을 돈으로 나눠주면 더 효과가 있었을지 모른다"고 토로할 정도다. 수십 년 동안 '관행적'으로, '보여주기식'으로 운영된 정부 정책이 대한민국을 B급 국가로 만든 바이러스라는 점을 여실히 보여주는 사례다.

고용장려금은 정부 정책이 '시대 흐름에 맞춰 변화하지도 않고, 제도의 원래 취지에 맞춰 운영되지도 않는' 실상을 대표한다. 우선 정책의 '방향' 자체가 20년째 제자리인 게 문제다. 박윤수 한국개발연구원(KDI) 연구위원은 "경제협력개발기구(OECD) 회원국들은 주로 신규 채용을 돕는 방식으로 고용장려금을 운영하고 있다"며 "반면 한국의 경우 전체 고용장려금 예산 중 새로운 일자리 창출을 지원하는 사업 비중은 9.6%에 불과하고 나머지는 기존 일자리를 유지하는 형식으로 지출되고 있다"고 지적했다. 외환위기 직후 고용 창출보다는 고용 안정에 중심을 두고 우후죽순 만들어진 고용장려금 제도가 20년 가까이 그대로 유지된 결과다.

일자리 예산은 가파르게 증가하는데

(단위:조 원·%)

17.5
(10.7)

15.8
(13.6)

13.9
(6.1)

13.1
(7.3)

12.2
(9.9)

2013년 2014년 2015년 2016년 2017년

*괄호 안은 증가율   자료=기획재정부

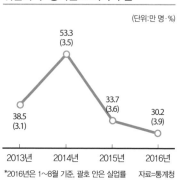

취업자 수 증가는 오히려 주춤

(단위:만 명·%)

53.3
(3.5)

33.7
(3.6)

38.5
(3.1)

30.2
(3.9)

2013년   2014년   2015년   2016년

*2016년은 1~8월 기준, 괄호 안은 실업률   자료=통계청

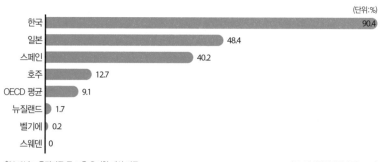

기존 고용 유지 위주 제도 탓

(단위:%)

한국	90.4
일본	48.4
스페인	40.2
호주	12.7
OECD 평균	9.1
뉴질랜드	1.7
벨기에	0.2
스웨덴	0

*2013년 고용장려금 중 고용 유지형 예산 비중   자료=경제협력개발기구(OECD)

일자리 사업 예산을 담당했던 기획재정부 관계자도 "고용 유지형 고용장려금은 원래 경제위기 때 대량 실업을 막는 효과적인 수단이었다"며 "지금 같은 일반 상황에서는 채용을 늘리는 쪽으로 제도를 운영하거나 아니면 아예 고용장려금 규모를 줄이는 게 맞다"고 말했다. 또 다른 문제는 담당 공무원들이 고용장려금 제도의 원래 취지 자체를 모르고 '관행적으로' 일하는 경우가 많다는 것이다. KDI가 20개 사업 담당 공무원들을 대상으로 사업 수혜 집단이 누구인지에 대해 물은 결과 절반가량이 '지원 대상을 특별히 구분하지 않는다'고 대답했다. 원래 취업취약계층을 대상으로 만들어진 제도인데 관행적으로 집행하다보니 담당하는 공무원들마저 제도의 본래 취지에 대해 무감각해진 것이다. 예산을 펑펑 쓰는 '고용장려금' 정책이 '공무원 고용 유지용'으로 전락했다는 비아냥이 나오는 이유다.

일자리 사업 전체로 시야를 넓혀 보면 문제의 심각성이 더해진다. 일자리 사업에는 2016년 25개 부처 196개 사업에 15조 8,000억여 원의 나랏돈이 투입된다. 전체 6개 일자리 사업 대분류 가운데 고용장려금 다음으로 많은 돈이 투입되는 게 2조 6,000억여 원이 들어가는 직접일자리 사업이다. 단순노동 위주다 보니 정작 일자리가 필요한 청년이나 고학력 여성에게는 전혀 도움이 되지 않는 사업들이다. 글로벌 금융위기 직후인 2009년 3조 9,700억 원이 투입된 이후 규모가 크게 줄지 않은 채 유지됐다.

선진국에서는 경기가 침체됐을 때만 동원하는 사업을 한국에서는 거의 상시적으로 운영하는 셈이다. 전문가들은 일자리 사업을 25개 부처에서 나눠 하다 보니 부처별로 당장 '일자리 몇 개를 늘렸다'고 홍보효과를 내야 하기 때문에 직접일자리 사업이 우후죽순 늘어났다고 진단한다. 한마디로 정부 정책이 '보여주기' 위주로 운영되고 있다는 것이다.

농촌사업 가구당 1,039만 원 투입, 소득은 겨우 7만 원 증가

비슷한 사례는 대부분의 부처에서 발견된다. 김현권 더불어민주당의원에 따르면 2010년부터 7,500억 원이 투입된 농림축산식품부의 '일반농산촌 종합개발사업' 169개 권역을 조사한 결과 가구당 소득은 사업 종료 3년 후 불과 6만 8,000원이 늘었다. 단순히 사업비를 나눠 해당 권역 농가에 줬을 경우 가구당 1,039만 원이 돌아간다는 계산이다. 사실상 정책 효과가 아예 없는 셈이다.

사업을 통해 만들어진 저온저장고, 복지관, 숙박시설 등 시설물 활용도 150개 조사 대상 중 92곳(61.3%)이 "부진하다"고 대답했다. 농식품부는 시설물 활용도 부진 원인에 대해 "시설물 조성 이전에 운영과 사후관리에 대한 구체적 계획이 미흡했고, 마을별 나눠 먹기식 시설 조성으로 동일 기능 시설이 중복되고 이에 따른 운영비 중복 지출이 발생했다"고 해명했다. 김 의원은 "일반농산촌 개발사업은 농촌 현장에서 예산 낭비 사업, 소수에게만 특혜가 돌아가는 사업으로 악명이 높았다"
고 지적했다. 보여주기식 업무로 예산을 낭비한 사례는 부처별로 경쟁
하듯 만든 공공 애플리케이션(이하 앱)에서도 쉽게 발견할 수 있다.

김병관 더불어민주당 의원이 산업통상자원부에서 받은 자료에 따르
면 산업부와 산하 기관에서 운영한 공공 앱 29개가 2016년 이용실적
이 저조해 폐지됐다. 이는 전체 산업부 소관 앱 41개의 약 70% 수준으
로 총 5억 원가량의 예산이 낭비된 것으로 알려졌다. 예를 들어 산업부
가 개발해 운영하던 공공 앱 '산업통상자원부픽토그램'은 2013년 3월
1,500만 원을 투입해 개발됐지만 누적 다운로드 건수가 약 500건에 불
과해 폐지됐다. 이밖에도 20여 개 앱이 정보제공 등을 목적으로 개발·
운영하다 이용실적 저조와 서비스 중복 업데이트 등 관리상의 어려움
등으로 폐지된 것으로 나타났다.

엉터리로 정책을 설계하는 사례도 비일비재하다. 이훈 더불어민주
당 의원에 따르면 산업부가 관리하는 '지방투자촉진보조금'은 제대로
관리되지 않아 기업으로부터 돌려받지 못할 나랏돈이 40억 원에 달하
는 것으로 조사됐다. 지방투자촉진보조금은 수도권 소재 기업이 지방
투자를 계획할 경우 보조금을 주는 제도로, 기업이 투자계획을 성실히
이행하지 못하거나 부도가 나면 국고로 환수해야 한다. 하지만 2012년
이전에는 환수 요건이 강제가 아니어서 약 15억 원을 돌려받지 못했고,
환수 의무화가 도입된 2012년 이후에도 기업 부도로 환수하지 못한 금
액이 40억 원에 달하는 것으로 조사됐다.

군 병영현대화 사업 예산 손실만 2조 원 넘어

5조 원이 넘는 돈을 투입하고도 마무리하지 못한 육군의 군 침대 교체 사업. 이른바 병영생활관 현대화 사업은 '21세기판 삼정의 문란'의 결정판이나 다름없다. 실제로 2015년까지 9년간 육군의 주먹구구식 병영생활관 예산 집행으로 입은 손실만 2조 원이 넘는 것으로 추정된다. 기획재정부는 2016년 '병영생활관 현대화 사업 심층평가 결과'를 통해, "육군이 장병 생활관의 침상을 침대로 바꾸고 체력단련장 등 생활환경을 현대화하는 사업에 9년 여간 5조 600억 원 예산을 모두 쓰고도 사업을 완료하지 못한 데다 그나마도 불필요한 지출이 컸다"고 밝혔다.

기재부에 따르면 목표였던 666개 대대 중 사업을 마무리한 부대는 638개에 그쳤다. 그나마도 수요예측 실패로 사업을 마무리한 108개 대대는 2026년이면 잉여시설로 전락할 위기다.

산술적으로 8,000억 원 넘는 돈이 10년짜리 시한부 병영 현대화에 투입됐다. 육군의 병영 현대화 사업은 구멍 난 독에 물 붓듯 예산을 빨아들였다. 특히 국방부가 9년간 7조 1,000억 원의 예산을 집행해 2012년 육·해·공군 사업 완료를 선언했지만, 2015년 육군이 2조 6,000억 원이 추가로 필요하다고 하자(국방부에 177개 대대 추가 소요 제기) 기재부가 칼을 뽑아들고 심층평가에 착수했다. 매일경제가 2016년 4월 기존 육군 투입예산의 50% 이상 금액이 더 필요하다는 터무니없는 예산 소요

19세기 vs. 현재 삼정의 문란

	군정(軍政)	전정(田政)	환정(還政)
19세기	군대 가는 대신 내는 포(布)를 무리하게 걷어 민란 발생	황무지에도 토지세를 매기는 등 과도한 부과로 원성	보릿고개 넘도록 빌려주는 쌀에 모래를 섞는 등 부정부패
현재	군 병영생활관 엉성한 계획으로 2조 원 추가 소요 (무능)	보여주기식 일자리사업, 16조 원 투입해도 고용 안 늘어 (무책임)	사회복지지원제도 엉뚱한 사람들에게 쓰여 (무계획)

제기의 문제점을 보도하자, 당시 국방부는 "국방개혁 기본계획 변경으로 2012년 완료 예정이던 666개 대대가 2015년 851개로 증가했다"고 설명한 바 있다.

기재부 심층분석 결과 육군은 애초 계획 수립부터 주먹구구식이었던 것으로 판명됐다. 목표 인원수와 수요예측에 따라 총예산을 요구한 해·공군과 달리 육군은 매년 상황에 따라 예산을 별도 요구했다. 육군은 이 과정에서 현재 있지도 않은 '가상의 부대'라는 기묘한 개념을 차용했다. 2004년 첫 계획 수립 때 병력 자원 목표인 49만 명을 대대 당 평균 인원인 452명으로 나눠 '가상의' 대대 1,085개를 만들어냈다. 여기서 다시 '있지도 않은' 대대별로 7,796㎡ 규모 생활관을 현대화하겠다는 게 육군의 계획이었다.

2007년에는 국방개혁에 따른 육군 정원 감소분 18만 9,000명을 차감해 목표 대대 수를 다시 666개 대대로 바꿨고 2015년에는 다시 851개 대대로 늘렸다. 매년 예측이 널뛰기한 셈이다. 국방부는 심층평가를 통해 2016년 추가소요를 177개 대대에서 121개 대대로 줄였다. 국방부 측은 "병영현대화 사업과 국방개혁 계획이 연계되지 못하다보니 계획 차질이 발생했다"며 "향후 잉여면적이 될 건물에 대한 활용방안을 강구하겠다"고 해명했다.

일자리 사업도 무능·무책임·무계획으로 인한 예산 낭비의 대표적인 사례다. 박근혜정부의 '일자리' 최우선 정책으로 예산 규모가 2013년 12조 원에서 2016년 16조 원 규모로 커졌지만 같은 기간 취업자 수는 오히려 38만 명에서 27만 명으로 줄었다. 취업자들에게 예산을 직접 나눠주면 연간 5,800만 원씩 지급할 수 있는 돈을 전시성 행정을 위해 인턴과 일용직 등을 만드느라 허투루 사용했다.

사회복지제도의 허점도 부지기수다. 사회보험 사각지대인 영세사업장에서 일하는 근로자들의 보험 가입을 지원하기 위해 2012년 도입된 '두루누리 사회보험 지원제도'가 대표적이다. 연 5,000억 원이 투입되지만 이 사업 덕분에 사회보험에 가입한 근로자는 1.5%에 불과하다. 나머지 98.5%는 사회보험 사각지대를 축소하겠다는 애초 목적과 전혀 상관없는 사람들이었다.

관료, 정치권 **비효율**로 내몬 **3적들**

한국 경제·사회를 '저결실 사회'로 몰아가고 있는 고비용·저효율 구조는 정치권, 관료, 이익집단으로 이뤄진 이른바 '철의 삼각동맹'이 만든 결과물이다. 이에 따라 사회 각 부문의 투자수익률(ROI) 저하를 통해 경제 성장률 악화라는 결과를 낳고 있다.

우선 세종시라는 섬에 갇힌 관료들은 입법·행정의 사회적 비용을 높이고 있다. 당장 세종시 공무원들의 서울 출장비용만도 연간 230억 원에 달하는 상황이다. 연간 118만 명에 달하는 민원인들이 세종시 공무원을 만나기 위해 지불하는 교통비용은 992억 원에 달한다.

국민과의 '접점' 기능이 약화되면서 급증하는 사회적 비용은 더 큰 문제다. 정부 부처의 70%가 세종시로 호적을 옮긴 지 만 4년을 넘으면서 야성(野性)을 잃은 관료들은 현실과 동떨어진 정책을 양산하고 있다. 2016년만 해도 미세먼지 대책, 전기요금 누진제 개선대책, 해운·조선산업의 구조조정, 세법 개정안 처리 과정에서 여론의 행간을 읽지 못한 채 옆길로 샜다. 한국능률협회는 컨설팅 보고서를 통해 정부 정책 품질 저하 등으로 인한 보이지 않는 비용도 매해 4조 6,800억 원에 달하는 것으로 추산했다.

제조업의 한국 경제 성장 기여도가 급락하는 가운데, 신성장 동력이 돼야 할 서비스업도 '삼각동맹'의 이권다툼에 발이 묶였다. 당장 기본인 서비스산업발전기본법부터가 19대 국회의 벽을 넘지 못한 채 20대 국회로 공이 넘어온 지 오래다. 법안은 서비스산업 발전을 위한 컨트롤타워 설치, 5년 단위의 기본계획 수립 등 기본적인 내용을 담고 있지만 '의료민영화' 의도를 숨기고 있다는 야당과 시민단체의 반발에 밀렸다.

의료산업 활성화를 위한 각종 정책들도 첫 발조차 떼지 못하고 있다. 미국·일본에서

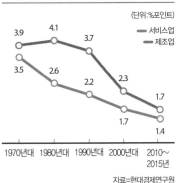

추락하는 제조·서비스업 성장 기여도

(단위:%포인트)

━ 서비스업
━ 제조업

3.9 4.1 3.7

3.5 2.6 2.2 2.3 1.7

1.7 1.4

1970년대 1980년대 1990년대 2000년대 2010~2015년

자료=현대경제연구원

이미 20년 전인 1997년 도입된 의사·환자 간 원격진료는 아직도 의료계의 반발과 눈치만 보는 보건당국에 치여 시범사업 수준을 벗어나지 못하고 있다.

노동생산성을 높이고 노동시장을 유연화하기 위한 노동개혁 법안들은 대기업 노조와 야권의 반발에 밀려 제자리걸음 신세다. 대형마트의 영업시간·장소를 규제하는 유통산업발전법도 영세상인 보호라는 당초 취지를 달성하지 못한 채 규제만능주의의 대표 사례라는 비판만 받고 있다. 정작 골목상권과 전통시장의 경쟁력 강화에는 소홀한 채 '하향평준화'에 치중해 오히려 유통업의 질적 수준을 저하시키는 요인으로 지목되고 있다.

양금승 한국경제연구원 산업연구실장은 "고비용·저효율의 고리에서 벗어나 건강한 자본주의로 거듭나려면 사회 전반에 고착된 담합과 포퓰리즘 구조를 타파해야 한다"고 강조했다.

돈 뜯기고 조사 받고
'기업이 봉인가'

"준조세 방지법 제정하라"

2016년 대한민국을 강타한 '최순실 국정농단' 사태에서 가장 큰 피해자는 기업이었다. 최씨 개입 의혹이 불거진 미르재단과 K스포츠재단뿐 아니라 박근혜 정부 출범 이후 정부 주도로 만들어진 각종 펀드와 재단에 대기업 자금이 쌈짓돈처럼 동원됐다는 사실이 드러났다. 53개 기업이 모두 774억 원을 출연했다. 이 중에서 12개 기업은 2015년 적자를 기록한 곳이었다. 재계에서는 이런 말이 나왔다. "권력이 배후에 있다고 판단되는 상황에서 (기금)출연 요청에 따르지 않을 기업이 어디

있겠느냐. 반강제로 돈을 내고도 또 검찰 조사까지 받아야 하는 상황이 말이 되나. 기업이 봉인가."

박근혜 정부는 대기업들의 팔을 비틀어 권력실세용 프로젝트를 위한 '준조세'를 거두는 1980년대식 관행을 버리지 못했다. 기업에 2중·3중의 부담을 습관적으로 지우다 보면 이익을 내서 고용과 투자를 늘려 사회에 공헌한다는 기업 본연의 존재 가치도 흔들린다.

미르재단과 K스포츠재단처럼 정치권이 기업들을 압박해 각종 준조세를 요구하는 구태의 역사는 군사정권으로 거슬러 올라간다. 박정희 전 대통령은 1973년 방위성금을 조성해 10년 간 기업과 일반 국민들로부터 480억 원을 끌어 모았다. 국가 방위를 위해 쓰는 돈이라는 명목이었지만 나랏돈은 한 푼도 들어가지 않았다. 전두환 정권은 1984년 일해재단을 조직해 3년간 598억 원의 자금을 기업 주머니에서 빼가며 악명을 떨쳤다. 군사정권 시절 법률로 규정되지 않은 반강제적인 준조세는 80여 개에 달했다.

박근혜 정부의 미르·K스포츠재단도 이 같은 구악의 연장선에 있었다. 비교적 동원하기 쉬운 기업을 정조준해 과거 정권이 써먹었던 '갹출 공식'을 그대로 답습했다. 2015년 기준으로 각종 사회 보험료를 제

2016년 12월 6일 서울 여의도 국회에서 열린 '박근혜 정부의 최순실 등 민간인에 의한 국정농단 의혹 사건 진상 규명을 위한 국정조사특별위원회' 1차 청문회에 참석한 기업 총수들이 지친 모습으로 앉아 있는 모습이다.

외하고 법정부담금을 포함한 기업 준조세 규모는 16조 4,000억 원에 달하는 것으로 파악된다. 이는 2015년 기업들이 낸 법인세의 36.4%에 해당하는 규모다.

경제 및 법률 전문가들은 불우이웃돕기 같은 순수한 사회공헌 목적 이외의 음성적인 기업 대상 준조세를 근절하기 위해 청탁금지법(김영란 법)처럼 '준조세 방지법'을 만들 필요가 있다고 제안했다. 공직자와 공직 유관 단체에만 적용되는 청탁금지법만으로는 미르·K스포츠재단처럼 순수 민간단체에 기부하거나 출연을 요구 내지 강요하는 것을 처벌하기 힘들다는 해석 때문이다.

심재철 자유한국당 의원은 2016년 12월 30일 이 같은 요구를 반영한 청탁금지법 개정안을 발의했다. 2017년 3월 현재 소관 상임위원회인 국회 정무위원회에 계류돼 있다. 심 의원은 "미르재단, K스포츠재단에 대한 기업의 자금 출연 과정에서 공직자가 기부금품의 출연을 부정 청탁한 정황이 드러나면서 기업 준조세에 대한 사회적 관심이 급증하고 있으나 이를 효과적으로 규제하기 위한 제도적 장치는 미흡한 실정"이라며 청탁금지법 개정안 제안 이유를 설명했다.

그는 이어 "청탁금지법은 공직자의 공정한 직무수행을 저해하는 부정 청탁이나 공직자 금품수수 등의 행위를 금지해 '민간인이 공직자에게 부정청탁 행위를 한 경우'를 제재하고 있으나 반대로 '공직자가 그 지위와 영향력을 이용해 민간에 청탁하는 경우'에 대하여는 규정이 없다"며 "공직자가 기업을 상대로 기부금 등 준조세를 강요·갹출하거나 기업 임직원 등에게 인사 청탁을 하는 경우 등에 대해서는 해당 법이 적용될 수 없다"고 지적했다. 또한 그는 "공직자가 민간인이나 민간 기

그림_정찬동

업을 상대로 하는 기부금 출연이나 인사청탁 등 부정한 청탁 행위를, 현행법상 공직자를 상대로 한 부정청탁 금지와 동일한 차원에서 규제함으로써 부당한 기업 준조세 요구를 근절해 공정하고 자유로운 기업 활동 환경을 조성하고자 한다"고 밝혔다.

최준선 성균관대 법학전문대학원 교수는 "나쁜 준조세는 대부분 공문도 없이 전화 한 통으로 돈을 뜯어가는 방식"이라며 "누구도 미르·K스포츠재단 같은 방식으로 기부 청탁을 해서는 안 된다는 특별법을 만들어야 한다"고 주장했다. 정대철 한양대 미디어커뮤니케이션 명예교수도 "명문화된 입법을 통해 준조세에 대한 합리적인 사회적 기준을 만들 필요가 있다"고 말했다.

공익재단에 대한 철저한 감시와 처벌을 통해 향후 준조세로 사익을 추구하는 경우를 없애야 한다는 제안도 있었다. 안경봉 국민대 법대 교수(한국세법학회장)는 "공익 재단이 돈을 거둔 후 어떻게 쓰였는지에 대해 살피는 현행 제도에 허점은 없는지, 있다면 어떻게 개선할 수 있는지 고민할 필요가 있다"고 진단했다.

꼭 필요한 준조세는 법으로

국회 농림축산식품해양수산위원회는 2016년 10월 25일 '자유무역협정(FTA) 체결에 따른 농어업인 등의 지원에 관한 특별법 일부 개정 법

급증하는 기업 준조세 부담

(단위:조 원)

13.1 14.0 14.6 16.4

2012년 2013년 2014년 2015년

*각종 부담금 포함(사회보험료 제외)

자료=오정근 교수 보고서

준조세에 대한 기업부담지수(BBI)

115 116

104

102 99

2011년 2012년 2013년 2014년 2015년

*보통은 100

자료=대한상공회의소

률안'을 의결했다. 같은 해 12월 29일 국회는 본회의를 열어 이 법안을 통과시켰다.

이 법안의 핵심은 민간기업, 공기업, 농·수협 등 수출업체들이 자발적인 기부금을 통해 매년 1,000억 원씩 10년간 1조 원의 '농어촌 상생기금'을 부담하는 것이다. 여야 정치권과 정부가 합의한 한·중 FTA 후속 조치다.

기금을 내는 기업들의 의견을 사전에 묻지 않고 입법해 재계에서는 '사실상 준조세'라는 불만이 나왔다. 하지만 다른 한 편에서는 "'블랙박스'와 같은 준조세 구조를 탈피해 최소한의 입법 과정을 거쳤다"며 긍정적인 평가를 내리기도 했다.

전문가들 사이에서는 '준조세는 근절하는 게 옳다'는 데 공감대가 형성돼 있다. 그러면서도 일부 부작용에 대해서는 염려한다. 외부 지원이 절대적으로 필요한 순수 공익 목적의 시민단체나 학술단체에 가는 기금마저 끊겨 이들의 활동을 크게 위축시킬 우려가 있다는 것이다. 따라서 법 제정이나 이에 준하는 투명한 절차를 신중히 마련하고 각종 기금 모금과 집행의 정당성을 확보해야 한다고 강조한다. 준조세를 걷기 위해서는 국회에서 엄격한 논의를 거쳐 법을 만들라는 것이다.

재단을 세우는 데 기업들의 기부금이 필요하다면 사업 목적을 명확히 하고, 기금 사용 내역을 외부에 공개·보고하는 형태를 취한 후 모금하는 게 하나의 방법이 될 수 있다. 이 과정 전체를 입법화하면 투명성도 높이고 기부금을 내는 기업들의 불만도 줄 수 있다. 무엇보다 법에 근거했기 때문에 임의로 이사회 등의 의결 없이 지출되는 기부금이 자칫 기업 경영활동 상의 배임이나 횡령 등의 범죄로 연결되는 고리를 차단하게 된다. 기부금을 냈는데 범죄자 딱지가 붙는 아이러니를 미연에 차단할 방법인 셈이다.

이만우 고려대 경영학과 교수는 "공청회를 거치는 국회 입법 과정을 통해 천재지변 등 정부가 기업들의 기부금을 요구해야 할 필요가 있는 경우를 제외하고는 거둘 수 없게 하고, 기금 집행도 투명하게 해야 한다"고 말했다. 이 교수는 "이럴 때일수록 기업들도 대한상공회의소 등 유관 단체를 중심으로 준조세 근절 대안을 국회에 전달하는 게 합리적 방안"이라고 했다.

기업정책, 공개 토론 의무화해야

기업들도 태도를 달리할 필요가 있다. 준조세를 대가로 이권이나 사업을 위한 '뇌물'이나 '윤활유'로 치부하는 구태적 경영 행태와 정·관계 관행의 악순환을 끊는 데 스스로 앞장 서야 한다. 역대 정권마다 각종 국책사업 이권을 두고 '재벌 특혜'나 '정경유착' 등 논란이 끊이지 않았다.

김영삼 정권 말기인 1997년 불거진 한보그룹 특혜대출 비리, 노무현 정권 당시 대우건설 사장 연임 청탁 등 준조세와의 교환관계를 통한 권력형 비리는 겉모습만 바뀐 채 이어져 왔다. 2016년 12월 매일경제와 한국경제연구원이 공동으로 진행한 '대한민국 기업·경제에 대한 국민인식 조사'에서 한국 기업의 가장 큰 문제점으로 응답자의 44.5%가 '정경유착'을 꼽았다.

전주성 이화여대 교수는 비금융업종 기업을 대상으로 '준조세성 지출이 기업 성장에 미치는 효과'를 분석해 흥미로운 결과를 내놨다. "기부금이나 접대비용 지출이 기업 매출·성장에 긍정적인 효과를 보인다"는 게 실증연구의 핵심이다. 전 교수는 이와 관련해 "반대급부가 분명한 '부패성' 준조세는 개별 기업에는 긍정적이지만 국가 경제 전체로는 부정적인 효과를 낳는다"고 진단했다.

부당한 이권획득을 위해 사용된 준조세 부담은 국민에게 전가됐다. 최병호 부산대 교수(한국재정학회장)는 "기업 입장에서는 세금을 내고 경영성과를 낮추느니 같은 돈을 준조세로 내고 이권을 확보하는 게 유리하다고 판단할 것"이라며 "기업들의 이런 부당한 기부금 명목의 준조세는 법인세 부담을 낮춰 비용 처리하는 데도 유리하게 작용한 측면이 있다"고 비판했다. 특히 대기업 총수 일가의 비리나 탈세 의혹이 많은 한국에서는 준조세로 정치권력의 요구를 들어주고 검찰 등 사정기관의 칼날을 피하는 '보험료' 성격도 띄고 있다는 설명이다.

해법은 기업 경영과 구조조정을 비롯한 산업·기업정책 전반의 투명성 강화다. 최준선 성균관대 법학전문대학원 교수는 "결국 기업 경영과 정책, 사회공헌 활동 등이 모두 공개적으로 투명하게 이뤄지면 해결될 일"이라며 기본으로 돌아갈 것을 주문했다. 재계 10대 그룹의 한 관계자는 "밀실에서 진행되는 현행 산업정책 구조는 정부를 상대로 한 '로비'의 필요성을 키우고, 준조세를 불가피하게 만드는 경향이 있다"며 "청탁금지법이 도입된 걸 계기로 모든 중요 국가 정책과 사안이 간담회나 토론회 등의 공론의 장에서 결정된다면 기업이 마주하는 리스크도 획기적으로 낮아질 것"이라고 주장했다.

미국은 로비스트 합법, 일본은 경제단체가 자정

선진국에서는 정치자금 모집부터 이에 대한 기업의 기부 행위, 기부금을 받은 정치권의 사용 내역 공개 등 일련의 과정이 투명한 절차를 통해 진행된다.

박근혜 전 대통령과 그 청와대 참모들처럼 기업 총수를 불러 각 기업의 현안 내지는 이권과 교환하는 대가로 뒷돈을 요구하는 것이 아니다. 정치권은 기업에 떳떳하게 필요 자금을 요청하고, 기업은 이를 수용할지 말지를 공개적으로 정하는 시스템이 작동하는 것이다.

미국은 로비스트 활동이 합법이다. '로비스트 탓에 정경유착이 심해지는 것 아니냐'고 걱정하는 시선도 있지만 활동 내역이 공개돼 있어 정치인들도 무조건 기업에 유리한 법안을 제안할 수 없다. 2010년부터는 기업으로부터 정치자금을 무제한으로 받을 수 있는 '슈퍼팩'이 합법화돼 오히려 정치권 스스로가 더 조심하려는 노력을 하고 있다.

정경유착이라면 한국보다 깊은 관행이 만연했던 일본도 2002년 큰 변화를 맞았다. '자민당의 스폰서'로 불렸던 게이단렌(경제단체연합회)이 자정을 선언했다.

당시 게이단렌은 한국의 한국경영자총협회(경총)와 유사한 닛케이렌과 통합하고 단체 명칭을 '니혼게이단렌(일본경제단체연합회)'으로 변경했다. 이름만 바꾸는 게 아니라 불투명한 정치자금 납부를 거부하기로 했다. 단체의 설립 목적을 기업 정책 연구와 사회공헌활동 등으로 정해 공익적 성격을 강화했다.

일본에서는 이 같은 개혁의 바람이 분 뒤 기업과 정치권력 사이의 유착 시도가 확연이 줄고 있다는 평이다. 이른바 '게이샤 정치'로 불렸던 정치인과 기업인 간 밀실 만남도 대폭 줄었다고 한다.

니혼게이단렌이 2014년부터 3년째 1,300여 회원사를 상대로 집권 여당인 자민당에 대한 정치헌금을 촉구하고 있지만, 투명성을 지키며 모금하고 집행하면서 정경유착을 벗어난 진정한 정치헌금이 건너가고 있다는 분석도 있다.

역대 정권의 **준조세**

미르재단, K스포츠재단과 가장 유사한 건 전두환 정권 시절의 '일해재단' 사건이다. 이석수 전 청와대 특별감찰관이 2016년 12월 15일 '최순실 국정농단 의혹 진상규명을 위한 국정조사 특위 4차 청문회'에 출석해 "(미르·K스포츠재단과 관련해) 처음 보고를 받았을 때 이게 육영재단이나 일해재단과 비슷한 구조를 가진 게 아닌가 생각했다"고 말할 정도였다.

'일해'는 전두환 전 대통령의 아호다. 일해재단은 1983년 미얀마 아웅산 폭발 사고의 유가족을 지원하고 장학 사업을 하기 위해 설립됐다. 하지만 설립 취지와는 다르게 전 전 대통령의 퇴임 후 정치적 영향력 유지와 활동을 위해 세워졌다는 의혹이 끊임없이 제기됐다. 1987년까지 기업들로부터 모두 598억 5,000만 원의 출연금을 모금하기까지 했다. 현대그룹과 국제그룹, 대우그룹, 선경(현 SK그룹), 럭키금성(현 LG그룹) 등 국내 굴지의 대기업이 사실상 거의 다 돈을 냈다.

문제는 1988년 양정모 전 국제그룹 회장 등이 출연금이 "강제 모금이었다"고 폭로하며 불거졌다. 정주영 당시 현대그룹 회장은 그해 열린 청문회에서 출연금에 대해 "1차는 날아갈 듯 냈고, 2차는 이치에 맞아 냈고, 3차는 편하게 살려고 냈다"고 말하기도 했다.

검찰은 즉시 '5공비리 특별수사부'를 구성해 장세동 전 청와대 경호실장 등 2명을 직권남용 등 혐의로 구속했다. 하지만 모금 행위 자체는 단죄하지 않았고, 출연 기업들에 대한 형사 처벌은 없었다.

1995년 진행된 전두환·노태우 비자금 사건에서는 두 전직 대통령과 기업인 모두가 법의 심판을 받았다. 당시 검찰은 전 전 '대통령과 노 전 대통령을 재임하는 동안 청와대 집무실 등에서 기업인들을 만나 각종 청탁과 함께 수십억 원에서 수백억 원의 금품을 받았다는 혐의(뇌물)로 기소했다. 일부는 공소시효가 지나 기소하지 못했고 노 전 대통령에게 뇌물을 준 기업인 35명은 뇌물 공여 혐의로 기소돼 집행유예 등을 선고받기도 했다.

반세계화 장벽 속
한국 혼자 '갈라파고스 규제'

"한국에만 있는 규제 많다"

트럼프 미국 행정부가 '보호무역주의'를 주장하면서 앞으로 무역 장벽이 더욱 공고해질 것으로 전망된다. 국민경제 중 무역에 의존하는 비율이 85%에 이르는 우리로서는 큰 악재다. 그렇다면 이에 어떻게 대응해야 할까.

전문가들은 오히려 '역발상'으로 우리부터 빗장을 열 필요가 있다고 주장한다. 그간 자유무역협정(FTA) 등을 체결하면서 무역영토가 넓어졌다고 하지만 여전히 외국인 입장에서 한국은 '규제가 많은 나라'다. 이

퇴행하는 세계화

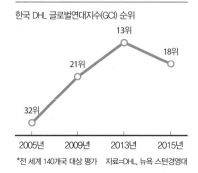

한국 DHL 글로벌연대지수(GCI) 순위

13위

21위

18위

32위

2005년 　2009년 　2013년 　2015년

*전 세계 140개국 대상 평가　자료=DHL, 뉴욕 스턴경영대

매력 떨어지는 한국시장

한국에 대한 외국인직접투자(FDI)　(단위:달러)

127억
6,660만

97억
7,300만

90억
2,190만

50억
4,200만

2009년 　2011년 　2013년 　2015년

자료=세계은행

여전히 폐쇄적인 한국

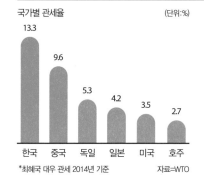

국가별 관세율　(단위:%)

13.3

9.6

5.3

4.2

3.5

2.7

한국 　중국 　독일 　일본 　미국 　호주

*최혜국 대우 관세 2014년 기준　자료=WTO

전 세계 경제자유지수 순위

1위	홍콩	22위	일본
2위	싱가포르	27위	한국
3위	뉴질랜드	114위	중국
10위	미국	178위	북한

*2016년 기준, 178개국 대상

자료=헤리티지재단, 월스트리트저널

정체하는 산업경쟁력

제조업 노동생산성

102.5

100.8

90.8

97.2

2009년 　2011년 　2013년 　2015년

*2010년을 100으로 산출한 노동생산성지수

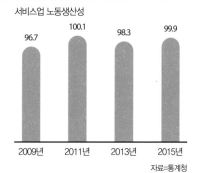

서비스업 노동생산성

100.1

96.7

98.3

99.9

2009년 　2011년 　2013년 　2015년

자료=통계청

같은 규제를 먼저 풀면서 우리와 소통을 하자고 말해야 한다는 것이다.

이에 매일경제는 '내로남불(내가 하면 로맨스 남이 하면 불륜)' 격으로 외국 입장에서 봤을 때 '한국 이기주의'로 비칠 수 있는 규제를 추적했다. 그리고 어떤 규제를 먼저 풀어서 무역장벽을 여는 열쇠(Key)를 만들지 취재했다.

2016년 6월 한국수력원자력을 2020년까지 기업공개(IPO)해 지분 20~30%를 매각하는 방안이 나왔다. 장기적으로 기업 투명성을 높이고 경쟁력을 확보해 원전 수출 등을 강화하자는 취지였다. 하지만 논의 과정은 결코 쉽지 않았다. 기획재정부는 한수원 상장을 적극적으로 주장했지만 주무부처 산업통상자원부(이하 산업부)는 안보를 이유로 미온적이었기 때문이다. 산업부는 안보 문제를 일으킬 수 있는 공공기관은 외국인 투자를 막도록 규정한 '외국인투자촉진법 시행령 5조'를 들어 반대했다.

문제는 당시 산업부가 한전과 함께 한수원이 원전 수출을 총괄할 수 있도록 한 것이다. 한수원의 원전 운영 능력을 발판 삼아 원전 수출을 추진하면서 막상 외국인 투자는 막고 정보도 외부에 투명하게 공개하지 않겠다는 얘기였다. 이러한 상황에서 수출은 늘리겠다는 '너희만 세계화' 태도가 여실히 드러난 것이다. 만약 외국인 투자를 계속 막으면 한수원 상장 과정에서 돈을 끌어 모으기 쉽지 않아 실패할 가능성이 높다는 비판도 있었다. 김승평 조선대 원자력공학과 교수는 "한수원을 상장한다고 해도 원전 정보가 외국으로 빠져나간다는 것은 어불성설"이라며 "지금은 모두 국산화했지만 과거 한국의 원전 유지 보수는 외국 원전 건설사의 자회사가 맡았다. 하지만 문제는 없었다"고 설명했다.

한국이 1994년 세계무역기구(WTO)에 가입하면서 본격적으로 세계화를 추진한 지 22년이 지났다. 하지만 한국은 여전히 한수원 상장 사례처럼 외국인에게 문을 걸어 잠근 채 해외 진출을 모색하는 세계화 전략을 취하고 있어 시급히 개선해야 한다는 목소리가 높다. 자칫 잘못하면 자국 이기주의로 비칠 수 있어 해외 시장을 잃는 단초가 될 수 있다. 이는 2016년 6월 마크 리퍼트 전 주한 미국대사가 "한국에만 있는 규제가 있다"고 공개적으로 선언하며 본격적으로 수면 위로 드러났다.

당시 리퍼트 대사가 가장 크게 문제를 삼았던 것은 '법률시장 개방'이었다. 2011년 체결된 한미 자유무역협정(FTA)에 따르면 한국은 2017년 3월부터 법률시장을 미국에 완전 개방하기로 약속했지만 실상은 달랐다. 한미 FTA 후속조치로 2016년 6월 시행한 외국법자문사법에 따르면 외국 로펌은 한국에 합작 법인을 만들 때 지분 49%를 초과할 수 없도록 했다. 미국 정부의 반발이 거셌지만 한국 정부는 요지부동이었다.

이밖에 리퍼트 대사는 △개인정보 국외 반출 동의 의무화 △항공기 수리정보 공개 금지 △클라우드 컴퓨팅 백업서버 의무화 △지도 국외 반출 승인 규제 △자동차 좌석 넓이 규제 등 5개를 철폐해 달라고 요청했지만 모두 이뤄지지 않았다. 특히 구글이 요구한 지도 정보 국외 반출은 국토교통부가 2016년 11월 최종 불허해 무산됐다. 한국의 통상장벽에 미국은 항의했지만 한국 정부는 국방부의 반대를 뛰어넘지 못한 것이다. IT업계 관계자는 "안보를 비롯해 국가로서 절대 포기할 수 없는 가치도 물론 존재한다"면서도 "한국 내 포털 산업 보호를 위한 과도한 조치라는 지적도 있는 게 사실"이라고 비판했다.

더 큰 문제는 국내 업계가 일치단결해 외국 기업의 국내 진출 및 규제 완화를 막는 사례도 빈발하고 있다는 것이다. 가장 대표적인 예가 의료계다. 정부는 2006년 경제자유구역에 외국계 의료기관을 설립할 수 있도록 허용했다. 이후 2016년 12월에서야 처음으로 정부가 중국 뤼디그룹이 제주도에 영리병원을 세우도록 허가했지만 여전히 의료계 집단행동에 밀려 표류하고 있다. 제주도청 관계자는 "뤼디병원은 의료민영화와 전혀 관계가 없는데 시민단체와 연계한 의료계의 반발로 차일피일 미뤄지고 있다"고 설명했다.

결국 이처럼 국내 산업이 우물 안 개구리 신세를 면치 못하면서 산업 경쟁력은 정체 상태에 머물고 있다. WTO에 따르면 세계화 지표로 활용하는 평균 관세율이 한국은 13.3%로 중국(9.6%), 독일(5.3%), 일본(4.2%)보다 높았다(2014년 기준). 이는 미국 및 유럽연합(EU)과 맺은 FTA가 본격 발효하고 관세율을 대폭 낮춘 뒤여서 문제가 더욱 심각하다는 평가다.

노동시장도 갈라파고스

한국의 노동시장 역시 세상과 동떨어져 있긴 마찬가지다. "한국 청년들을 해외로 보내자"며 박근혜 정부가 내세우던 해외 취업·창업 지원제도는 허울만 좋은 예산 낭비로 끝났고 100만 명에 달하는 국내 외국인 취업자는 대부분 비숙련노동자로 채워지고 있다. 전문가들은 "한국이 살아남기 위해선 닫힌 노동시장을 열어 외국인 전문 인력을 받아들이고 한국 청년들의 저변을 해외로 넓혀야 한다"고 조언했다.

우선 한국 인력의 해외 진출도 벽에 막혀 있다. 정부는 "취업난에 시달리는 청년들의 해외 취업을 독려하겠다"며 맞춤형 직무·어학교육과 외국기업 취업 연계를 골자로 한 '케이무브(K-Move)' 스쿨 프로그램을 내밀었다. 하지만 이 사업은 부실한 교육과 사후 무관심으로 '눈먼 돈',

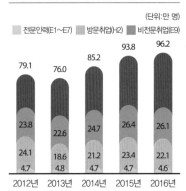

외국인 취업자 절반,
월급 200만 원 미만 단순노동자

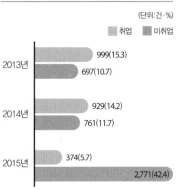

뒷걸음질하는 글로벌 취업·창업

'보여주기 사업'과 같은 오명만 얻었다. 한정애 더불어민주당 의원에 따르면 2013~2015년 케이무브 사업지원을 받은 연수기관 135곳 중 40곳(29.6%)의 취업 실적이 단 한 건도 없었다. 서종현 한국산업기술대 교수는 "매년 수만 명에서 수십만 명의 해외 취업이 이뤄지는 동남아 국가들처럼 정부 차원의 협약이나 MOU 체결을 통한 광범위한 진출 기반을 확보할 필요가 있다"고 강조했다.

한국을 찾는 외국 인력의 질도 낮다. 2016년 외국인 경제활동인구가 처음으로 100만 명을 넘어섰지만, 교수·연구인력 등 고부가가치를 창출하는 전문인력 비중은 5%를 밑도는 상황이다. 통계청 외국인 고용조사에 따르면 2016년 5월 말 국내 외국인 취업자 96만 2,000명 중 전문인력(체류자격 E1~E7)은 4만 6,000명(4.8%)으로 조사됐다. 2015년보다 도리어 1,000명 줄어든 수치다. 반면 단순노무 및 농·어업 종사자는 50만 명이 넘는다. 조경엽 한국경제연구원 선임연구위원은 "한국 정부도 숙련·전문 인력의 유입을 확대하기 위해 노력하고 있지만 이민 관련정책이 부처별로 분산·추진되는 점이 문제"라며 "부처 간의 중복과 갈등 소지를 줄이고 종합적·체계적으로 정책을 추진하기 위한 컨트롤타워가 필요하다"고 제언했다.

주요 선진국들은 정부가 인구구조와 국제환경 변화에 대응하는 중장기적인 이민정책을 확립해 운용하고 있다. 실제 제조업 중심 산업구조와 보수적인 이민정책 등 여러 면에서 한국과 유사점이 많았던 독일은 저출산·고령화와 우수 과학인재 부족 현상에 시달리면서 빗장을 열어젖혔다. 이를 위해 독일은 2012년 8월 외국인 전문인력 유치를 위한 '블루카드 제도'를 도입해 외국인 전문 인력에게 요구되던 자격 요건을 대폭 완화했고, 영주 허가 획득에 필요한 체류기간도 줄여줬다. 우리와 대조되는 대목이다.

"나부터 바뀌자!"

통상절벽과 비관세장벽에 대항하기 위해 세계 각국은 '나부터 바뀌자'를 외치는 상황이다. 미국은 도널드 트럼프 시대를 맞아 "규제 1개를 신설하면 기존 규제 2개를 폐지하겠다"며 규제개혁에 속도를 내고 있다. 심지어 대표적 관치국가로 꼽히는 중국마저 드론 등 신산업 규제를 대폭 완화하고 있다. 하지만 한국은 '갈라파고스 규제'를 고집하며 불신을 부추기는 형국이다.

우선 전문가들은 '원격진료 제한', '경자유전(농사짓는 사람이 농지를 소유한다) 원칙' 등을 우리만 있는 과잉규제로 꼽는다. 보건산업진흥원에 따르면 세계 원격의료 시장은 매년 큰 폭으로 성장해 2020년에는 43조 원에 달할 것으로 예상된다. 여기에 원격의료를 위한 통신과 장비, 소프트웨어 등 관련 산업까지 합치면 엄청난 부가가치와 일자리가 생긴다. 세계 각국이 원격의료에 주목하고 있는 이유다. 미국은 1997년 원격의료 서비스를 도입했다. 일본도 비슷한 시기에 원격진료를 시작해 그 범위를 확대하고 있으며 현재 스마트폰을 통해 원격으로 진료를 받을 수 있는 서비스까지 선보였다.

중국도 2013년 원격의료를 허용한 바 있다. 반면 한국은 첨단 원격의료 시스템을 수출하고 있음에도 정작 국내에서는 의료계의 반발로 합법화하지 못하고 있다. 19대 국회에서 원격의료를 허용하는 의료법 개정안을 제출했지만 기간 만료로 자동 폐기됐고 20대 국회에서 다시 제출됐는데 의료계와 야당의 반대로 통과가 불투명하다.

의료계는 원격의료를 허용하면 오진 위험성이 높아지고 동네 병원의 생존권을 위협할 것이라고 주장한다. 하지만 이는 기득권을 지키려는 옹색한 논리에 불과하다는 평이다. 2015년 2차 원격진료 시범사업 결과 원격진료를 받은 도서벽지 및 노인요양시설 환자의 80% 이상이 진료 결과에 만족한다고 응답했다. 공급자(의사)가 아닌 수요자(환자) 입장에서 규제를 풀어야 하는 이유다. 특히 이 같은 규제를 풀면 이미 관련 시장을 선점하고 있는 미국, 중국 업체들도 참여할 수 있어 국내기업도 이에 합작해 같이 커나가는 '시너지 효과'를 낼 수 있다.

경자유전 원칙도 마찬가지다. 후쿠시마 왼편에 위치한 인구 80만 명 니가타 시는 최근 농업 대기업이 대거 입주하고 있다. 본래 쌀 산지로 유명한 니가타 시가 규제특구로 지정되면서 설립허가 등 각종 규제가 대폭 완화됐기 때문이다. 대표적인 예가 농지를 임대하거나 매매할 때 지역 농업위원회를 거치지 않고 바로 지자체와 협의해 일을 진행할 수 있게 한 것이다. 농민들 저항 없이 일을 신속하게 처리할 수 있게 되자 농업기업들이 니가타 시를 투자 1순위로 꼽게 됐다. 그 결과 대표 편의 점업체인 로손을 비롯해 쿠보타(경작기) 등 대기업들이 우후죽순 니가타 시에 법인을 설립하고 나섰다.

하지만 우리는 경자유전 원칙 때문에 대형 농업법인들이 농지를 사들이지 못하는 형편이다. 대표적인 예가 LG CNS의 새만금 진출사업 좌초다. 농지를 확보하기 위해 간척된 새만금에서 스마트팜(ICT+농업)을 지으려고 했지만 결국엔 지역 농민단체들의 반발로 무산됐다. 양금승 한국경제연구원 산업연구실장은 "반세계화의 벽을 넘기 위해선 '나부터 바뀌자'는 목소리와 함께 과감한 규제개혁에 나서야 한다"고 지적했다.

이외에도 수도권 입지 규제가 대표적 대못 규제로 꼽힌다. 영국은 런던에 규제를 풀어 국내외 기업을 대거 유치하고 있다. 대표적인 예가

개선 필요한 주요 국내 규제들

규제	내용	문제점
수도권 규제	수도권공장 신·증설 제한 대형건축물 신축 시 과밀부담금 부과	수도권 지자체 역차별 11조 5,000억 원 부가가치, 일자리 16만 개 상실
원격진료 제한	의사·환자 간 비대면 진료 규제	2020년 43조 원 규모 세계시장 진입 지연 4만 7,000개 일자리 및 연관산업 발전 기회 상실
경자유전 원칙	농민만이 토지 소유 가능	대기업의 농업 진출 등 산업화 기회 상실
단통법	휴대전화 구입 시 보조금 상한 제한	가격경쟁의 인위적 억제에 따른 시장왜곡 소비자들의 단말기 구입 부담 증가
은산분리	비은행자본의 은행 의결권 4%로 제한	IT기업 등의 인터넷전문은행 참여 제한
도서정가제	정가의 10%로 할인폭 제한	아동전집 출판사 등 매출 급감 소비자들의 도서 구입 부담 증가

2010년부터 빈민가가 밀집한 런던 동부를 IT 중심지로 개발하는 '테크 시티(Tech City)' 프로젝트다. 테크시티에 입주한 외국 기업가에겐 최대 3년 4개월 동안 체류 비자를 제공하고 입주기업은 연구개발(R&D) 비용의 3분의 1을 경감 받을 수 있다. 테크시티가 영국판 실리콘밸리로 자리 매김하고 있는 이유다. 전국경제인연합회 관계자는 "산업혁명에 힘입어 발전했던 영국은 1940~1950년대만 해도 공장 집적 문제를 해결하기 위해 수도권 규제를 강하게 했다"며 "하지만 1970년대 제조업이 쇠퇴하고 외환위기 등을 겪으면서 1980년대를 기점으로 그린벨트 등 수도권 규제를 풀었다"고 밝혔다.

반면 우리는 지역균형발전을 위한다며 1982년 도입한 '수도권 입지 규제'를 35년째 바꾸지 않고 있다. 이에 따라 업종에 따라 공장이 들어서는 것을 원천적으로 막고 공장 면적을 일정 면적 이하로 제한하고 있다. 세계적으로 '메가시티 전쟁'이 일어나고 있는데 한국만 현재 뒤처지고 있는 것이다.

아베의 추진력 벤치마킹하라

결국 규제를 풀기 위해서는 기득권을 내려놓기 위한 과감한 '개혁 드라이브'가 필요하다. 이와 관련해 일본 아베 정권의 행보는 눈여겨볼 만하다.

아베노믹스 첫 해인 2013년에 줄줄이 통과한 중요 법안들이 결실을 맺고 있다. 과잉공급 분야 기업들의 사업 재편을 각종 세제·금융 혜택으로 돕는 '산업경쟁력강화법'이 대표적이다. 이 법 덕분에 미쓰비시중공업과 IHI가 항공엔진 사업을 통합하는 등 일본 기업들이 발 빠르게 사업 재편을 추진하고 있다.

특히 최대의 성과로 꼽히는 건 2013년 말 제정된 '국가전략특구법'

일본 국가전략특구 현황

● 1차 지정(2014년 5월)
◉ 2차 지정(2015년 8월)
● 3차 지정(2015년 12월)

아키타현 센보쿠시
니가타시
미야기현 센다이시
후쿠오카시
(외국인노동자)
히로시마현
효고현
야부시
도쿄권(도쿄부·가나가와현·지바현 나리타시)
국제비즈니스특구
키타큐슈시
지바시(드론택배)
에히메현
이마바리시
아이치현
(자동차주행 로봇)
간사이권(오사카부·효고현·교토부)
국제의료 이노베이션특구
오키나와현

이다. 의사회와 농협 등 기득권 세력의 강력한 저항에 밀려 전국 단위 규제 개혁이 지지부진하자 아베 정권은 덩어리로 규제를 없애는 특구를 지정했다. 간사이 국제의료 이노베이션 거점에서 수십 개의 프로젝트 사업 계획이 승인되고, 야부·니가타 등에서 대기업이 농업법인을 만드는 등 구체적인 효과가 나타나고 있다.

그 결과 일본의 '잃어버린 20년'을 초래한 원인 중 하나로 지적되는 폐쇄적 문화는 아베 총리의 리더십 아래서 점차 사라지는 분위기다. 대표적인 정책이 2013년 발표한 '아베듀케이션(Abeducation)' 정책이다. 아베 총리는 세계 100대 대학 안에 일본 대학 10개를 진입시킨다는 목표를 내놓으면서 △온라인 교육 프로그램 확대 △산학 협력 촉진 보조금 △대학 지배구조 개혁 등을 내놨다.

박철희 서울대 국제대학원 교수는 "정책 추진에 앞서 사회 각계와 먼저 소통하고 정책 방향을 설정해 추진하다 보니 개혁이 반대에 밀려 좌초하지 않는다"고 설명했다.

규제프리존특별법 어디까지 왔나

수십 년간 이어진 '갈라파고스 규제'를 타파하기 위해 우리도 특정 지역을 지정해 인허가 및 입지 규제를 대거 풀어야 한다는 지적이 많다.

이와 관련해 정부가 추진하고 있는 것이 바로 규제프리존이다. 규제프리존이란 수도권을 제외한 14개 시·도에 규제프리존을 만들어 각종 규제를 없애고 재정 및 세제혜택을 주기 위해 2016년 3월 발표됐다. 이에 맞춰 각 시도는 TF팀을 꾸려서 두 개의 지역 전략사업을 선정한 바 있다. 가령 전남은 에너지신산업과 드론을 충북은 바이오의약과 화장품 등을 지정하는 식이다.

하지만 이를 만드는 규제프리존특별법은 여전히 국회의 문턱에 막혀 있다. 그 가장 큰 이유는 '기업실증특례' 제도 때문이다. 기업실증특례란 신규 사업을 개시하는 사업자가 스스로 안전성을 확보할 경우 해당 사업이 허가되는 것을 의미한다. 법적인 규정이 없어서 새로운 분야를 개척해놓고도 당국의 인허가가 나지 않아 사업을 못하는 경우가 더러 발생하는데 이를 방지하겠다는 것이다.

더불어민주당은 이 같은 실증특례 제도가 오히려 안전기준을 미충족한 제품을 낳을 것이라며 우려를 표하고 있다. 가뜩이나 기존 제도로도 가습기살균제 사태 등이 불거져 나왔는데 기업실증특례까지 허용해버리면 미안전 제품에 따른 소비자 피해가 생길 수 있다는 것이다. 하지만 정부 관계자는 이 같은 주장이 오해에서 비롯됐다고 말한다. 규제프리존특별법에 따르면 기업이 실증특례를 인증받기 위해서는 지자체(1차 문턱), 기획재정부(2차 문턱), 그리고 민간전문가 15명 등이 속한 분과위원회(3차 문턱)를 모두 통과해야 한다. 다시 말해 3차례나 걸쳐 검토를 받기 때문에 '사후 안전장치'가 충분하다는 것이다.

아울러 시민단체를 비롯한 반대 측에선 규제프리존특별법이 시행될 경우 '재벌 특혜'로 변질될 수 있다고 말한다. 대표적인 분야가 의료법인 부대사업 허용이다. 현재 의료법인은 원칙적으로 '의료행위'와 관련된 사업만 할 수 있는데 부대사업을 허용할 경우 돈을 벌기 위해 건강식품 등을 의사가 환자에 권유하게 될 테고 이로 인해 국민 실질 의료부담이 늘 수 있다는 논리다. 다시 말해 의료법인 등 대기업만 살찌우는 법이라는 이야기다.

하지만 선례를 볼 때 이 같은 우려가 현실화될 가능성은 낮다. 실제로 2007년 규제프리존특별법과 비슷하게 제주도에 한해 영리 부대사업을 허용했지만 9년이 지난 현재 제주도 의료기관에서 하는 업무는 국제회의업, 세탁업 등 일부 의료관광객과 연계된 분야뿐이다. 정부 관계자는 "의료행위 연장선상에서 의료관광객에게 필요한 서비스를 제공하자는 게 취지이지 의료기관이 모든 사업을 다 손대는 게 결코 아니다"고 밝혔다.

14개 시도 규제프리존

대전광역시
· 첨단센서
· 유전자의약

충청북도
· 바이오의약
· 화장품

강원도
· 스마트 헬스케어
· 관광

충청남도
· 태양광
· 수소연료전지 자동차 부품

경상북도
· 스마트기기
· 타이타늄

세종특별자치시
· 에너지 IoT

대구광역시
· 자율주행자동차
· IoT기반 웰니스산업

전라북도
· 탄소산업
· 농생명

울산광역시
· 친환경자동차 (부생수소 활용)
· 3D 프린팅

광주광역시
· 친환경자동차 (수소융합스테이션)
· 에너지신산업 (전력변환·저장)

부산광역시
· 해양관광
· IoT융합 도시기반 서비스

전라남도
· 에너지신산업 (전력SI, 화학소재)
· 드론

제주특별자치도
· 스마트관광
· 전기차인프라

경상남도
· 지능형기계
· 항공산업(항공부품인증)

이에 앞으로 규제프리존특별법 국회 통과 여부에 관심이 모아지고 있다. 실제로 최문순 강원도지사 등 야당 측 지자체장들이 대부분 지역경제 활성화를 위해 규제프리존특별법 통과를 원하고 있어 더불어민주당 내에서도 '통과'에 대한 압박이 크다는 분석이다. 국민의당 김관영 의원 역시 규제프리존특별법 통과를 공개적으로 주문하고 나섰다. 다만 여전히 가습기살균제 등 소비자에게 큰 피해를 끼친 사례가 국민의 뇌리에 박혀 있어 실제로 국회 본회의를 통과하기는 힘들 것이라는 의견도 있다.

글로벌 기업유치전 속
리쇼어링 안 되는 한국

대기업 사실상 배제… 수도권 규제로 유턴 실익 없어

2016년 11월 도널드 트럼프가 예상을 뒤집고 미국 대통령에 당선된 것은 격전지였던 '러스트벨트(미국 중북부의 제조업 쇠퇴지역)'에서 압승을 거둔 덕분이다. 그렇다면 러스트벨트의 유권자들은 왜 트럼프에 열광했을까. 해외로 나간 1,000여 개의 공장을 미국 본토로 돌아오게 해 일자리를 늘리겠다는 트럼프의 '리쇼어링(Reshoring)' 공약에 이 지역 노동자를 중심으로 전폭적인 지지를 보낸 것이다.

리쇼어링이란 생산비 절감 등을 이유로 국외로 나간 기업이 본국으로 돌아오는 현상을 말한다. 공장을 국외로 이전하는 오프쇼어링(Offshoring)의 반대 개념이다. 리쇼어링 기업을 '유턴 기업'이라고 부르기도 한다.

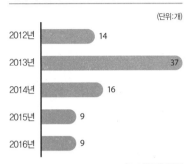

해마다 줄어드는 한국 유턴 기업

(단위:개)

2012년	14
2013년	37
2014년	16
2015년	9
2016년	9

자료=산업통상자원부

외관상 정치인들이 표심을 잡기 위해 리쇼어링을 강조하고 있지만 결국은 기업유치전이다. 자국 기업뿐만 아니라 타국 기업에게도 같은 혜택을 주기 때문이다. 정성태 LG경제연구원 연구위원은 "지역을 통(統)합하고 세계와 소통(通)하기 위해서는 결국 벽 안 쪽, 즉 현지화가 불가피하다"며 "리쇼어링 열풍을 잘 활용해 국내 기업의 유턴뿐만 아니라 글로벌 기업 유치에 적극 나서야 한다"고 강조했다.

4차 산업혁명 시대를 맞아 제조업 분야에서 일대 '혁신'이 이뤄지고 있다. 독일 아디다스가 값싼 인건비를 찾아 아시아로 공장을 이전했다가 스마트 공장을 구축하면서 본국으로 돌아간 리쇼어링 사례는 이 같은 혁신이 만들어낸 대표적인 변화다.

한국도 해외로 나간 기업을 국내로 돌아오게 하는 리쇼어링 정책에 적극적이다. 전 세계에서 거의 유일하게 이른바 '유턴 기업 지원법(해외 진출 기업의 국내 복귀 지원에 관한 법률)'을 2013년 8월 제정했다.

그러나 2016년까지 국내로 복귀한 기업은 85곳에 불과하다. 유턴 기업 지원법이 만들어진 2013년 37개로 '반짝'했을 뿐 2014년 16곳, 2015년 9곳에 이어 2016년도 9곳에 그쳤다. 그나마도 대기업은 단 한 곳도 없다.

국내 기업이 한국으로 돌아오는 것을 주저하는 데는 그럴 만한 이유가 있다. 리쇼어링의 가장 큰 유인으로 '우수 인력 확보'가 꼽히는데 인재가 많은 수도권 진입이 사실상 불가능하다는 게 가장 큰 이유다. 각종 수도권 규제도 한계로 지적된다. 수도권에 신규 공장 설립이 어려운 데다 유턴 기업 지원법마저 세제 혜택을 받기 위해서는 비수도권으로 공장을 이전해야 한다고 규정하고 있다. 여기에 대기업은 유턴 기업으로 인정받으려면 해외 공장을 완전 청산해 이전해야 한다는 조건이 하나 더 붙는다.

자체 개발한 휴대폰 패널 세척기계를 글로벌 터치스크린 업체인 대만 TPK에 납품하던 강소기업 A사는 정부가 국내로 돌아오는 유턴 기업을 적극 지원하겠다는 말을 믿고 2013년 5월 중국에서 한국으로 돌아왔다. 2005년 저렴한 인건비를 찾아 중국 칭다오에 공장을 세웠던 A사는 고급 기술 전문 인력이 필요해 유턴을 결정했고 시화산업단지에 정착했다.

그러나 막상 한국으로 돌아오니 현실은 완전히 달랐다. 여러 가지 단서조항에 발목이 잡혀 제대로 정착할 수가 없었다. A사는 정부가 지원을 약속한 '유턴 기업'임에도 불구하고 법인세·소득세 감면, 임대료 지원 등 혜택을 받을 수 없었다. 수도권에 입주한 기업은 대상이 아니기 때문이었다. 그렇다고 지방으로 가자니 고급 인력을 확보하기 위해 국내로 돌아온 취지가 퇴색되기 때문에 '울며 겨자 먹기' 식으로 수도권을 택할 수밖에 없었다.

그나마도 비싼 임대료 탓에 공장 확보가 제대로 안 돼 생산설비를 설치하는 데 차질이 생겼다. 결국 생산계획은 한 달가량 지연됐고, 고용도 당초 계획의 30%에도 못 미치는 10명을 채용하는 데 그쳤다. A사 관계자는 "한국으로 돌아와서 나아진 것이 하나도 없다"며 "국내로 유턴한 것을 후회한다"고 한탄했다.

독일에서 시작된 리쇼어링은 미국과 일본에 이어 여타 선진국으로 확산되면서 글로벌 트렌드가 되고 있다. 한국도 해외로 나간 기업을 국내로 돌아오게 하는 리쇼어링에 손을 놓고 있는 것은 아니다.

그러나 유턴 기업의 발목을 잡는 규제가 여전히 산재해 있고, 정부가 리쇼어링을 활성화하겠다고 내놓은 정책마저 기업이 국내에 투자를 결정하도록 구미를 당기지 못하고 있는 것이 문제로 지적된다.

정부는 지난 2013년 8월 유턴 기업 지원법을 제정해 국내로 돌아온 유턴 기업을 지원하고 있다. 법인세와 소득세를 최대 7년간 50~100% 감면해 주고, 자본재 수입에 대한 관세도 최대 5년 간 50~100% 감면해준다.

전문가들은 '수도권에 입주하는 기업은 제외', '완전 철수할 때' 등 단서조항이 발목을 잡고 있다고 지적한다. 대부분 기업들이 리쇼어링의 가장 큰 유인으로 우수 인력 확보를 꼽는데, 인재가 많은 수도권 진입이 사실상 불가능하다. 각종 수도권 규제로 공장설립이 어려운 데다 유턴 기업 지원법마저 세금 감면을 받기 위해서는 비수도권으로 공장을 이전해야 한다고 규정하고 있기 때문이다.

특히 대기업이 하나도 없는 가장 큰 이유는 유턴 기업으로 인정받아 각종 혜택을 받기 위해서는 공장을 완전 청산해 이전해야 한다는 조건 때문이다. 중소기업이 일부 생산라인을 남겨두고 국내에 새로 공장을 설립해도 유턴 기업으로 인정받는 것과 대조적이다.

이지선 LG경제연구원 선임연구원은 "유턴 기업에 대해 법인세·소득세, 용지 지원 등 혜택을 제공하고 있지만 해외에서 운영하던 공장을 국내 수도권으로 이전할 경우 수도권 규제로 인해 혜택을 주지 않는다"며 "유턴 기업에 대한 인센티브가 다른 국가에 비해 미진한 수준"이라고 지적했다.

상황이 이렇다 보니 '유턴 기업 지원법' 제정 이후 전북 익산 등 지방자치단체에서 경쟁적으로 유턴 기업 유치에 나섰지만 성공했다고 꼽을 수 있는 사례를 찾기가 힘들다. 익산시와 국내 유턴 양해각서(MOU)를 체결한 기업은 2016년 말 기준 25곳이다. 이 가운데 지금까지 실제 국내에서 공장을 가동하거나 가동을 준비하는 업체는 10곳에 불과하다. 나머지 15곳은 국내에서 사업을 시작하기도 전에 국내 투자를 보류했거나 포기했다. 익산시는 2013년 제3 산업단지를 조성하면서 "유턴 기업을 통해 2016년까지 7,000개 일자리가 창출될 것"이라고 했지만 이 같은 장밋빛 전망은 결국 없던 일이 됐다.

세계는 지금 유턴 기업 유치 경쟁

글로벌 금융위기와 유럽 재정위기 이후 세계 주요 선진국들은 제조업 르네상스를 위해 국외로 나간 기업을 본국으로 유턴시키는 '리쇼어링' 정책에 적극적이다. 제조업만큼 고용과 투자를 이끄는 카드를 찾기 힘들기 때문이다.

미국의 버락 오바마 정부는 일자리 창출을 위해 리쇼어링 정책을 강하게 진행했다. 유턴 기업에 대해 2년 간 설비투자 세제 감면 등 지원책을 펼쳤고, 제조업체에는 25%의 우대 세율을 적용했다. 여기에 셰일가스 개발로 에너지 비용이 낮아지고, 중국 등 개발도상국의 임금이 급등하면서 미국 기업이 본토로 유턴하는 매력이 높아졌다.

오바마 정부 들어 17개 주(州)에 200억 달러가 넘는 신규 투자가 창출됐고, 대기업을 포함해 150여 개 기업이 미국으로 돌아왔다. 여기에 2017년 1월 출범한 도널드 트럼프 정부가 법인세율 인하 정책까지 제시하면서 미국 제조업의 경쟁력은 한층 높아질 것으로 예상된다.

일본은 '잃어버린 20년' 이후 경제 활력을 되찾기 위해 리쇼어링 정책을 적극 펼치고 있다. 대기업 규제 완화와 공격적인 통화·재정 정책으로 큰 효과를 봤다. 아베 정부 들어서는 대규모 양적 완화를 통해 엔저 정책을 펼쳤고, 환율 효과 덕분에 일본 기업의 수출 경쟁력이 크게 높아졌다. 도요타는 미국·중국 등에서 생산하던 캠리와 프리우스 등 생산설비를 일본으로 돌렸다. 가장 최근에는 냉방기 대기업 다이킨공

자국으로 속속 유턴하는 미국 · 일본 대기업

국가	기업	내용	경제적 효과
미국	보잉	비행기 날개 생산라인 일본에서 워싱턴 주로	일자리 2만 개 창출
	포드	픽업트럭 제조공장 멕시코에서 본국 미시간 주 등 이전	160억 달러 투자, 일자리 2,000개
	GE	냉장고 · 세탁기 제조라인 중국에서 본국 이전	10억 달러 투자, 일자리 1,300개
	GM	자동차 생산시설 유럽에서 미시간 주로 이전	2억 5,000만 달러 신규 투자
일본	파나소닉	가전 생산라인 중국에서 본국 이전	중국 생산량의 절반 본국서 생산
	NEC	중국 · 대만 노트북 생산라인 본국 이전	연간 160만 대 본국서 생산
	혼다	오토바이 생산기지 베트남 · 홍콩에서 일본 이전	300억 엔 신규 투자
	다이킨공업	가정용 에어컨 생산공장 중국에서 이전	연간 25만 대 일본서 생산

업이 가정용 에어컨의 중국 생산을 20% 줄이고, 대신 사가 현에 위치한 공장에서 추가 생산하기로 결정했다.

유럽도 리쇼어링 정책에 적극적이다. 영국은 국내총생산(GDP) 대비 제조업 비중을 15%대로 끌어올리겠다는 목표를 세우고 법인세 인하와 노동시장 개혁에 나섰다. 프랑스는 저부가가치 제조업 중심 산업구조를 벗어나기 위해 르노 등 자국의 글로벌 제조업체를 대상으로 수출 지원금을 주는 정책을 수립했다.

이장균 현대경제연구원 수석연구위원은 "주요 국가의 제조업 르네상스 정책이 꽃을 피면서 한국 제조업의 설 자리가 점점 위축될 것"이라며 "한국이 제조업 경쟁력을 한 단계 끌어올릴 '골든타임'이 얼마 남지 않았다"고 지적했다.

선진국 리쇼어링 '폭풍의 눈' 스마트 공장

글로벌 스포츠 용품업체 아디다스는 2017년 순차적으로 운동화 생산거점을 중국과 베트남에서 독일 본토로 전격 이전하기 시작했다.

지난 1993년 값싼 노동력을 찾아 개발도상국으로 생산라인을 옮긴 후 24년 만에 단행하는 대대적인 '금의환향'이다. 아디다스를 독일로 불러들인 것은 정부 규제 완화나 세제 혜택이 아닌 사물인터넷(IoT)과 빅데이터로 대표되는 '스마트 공장'이다.

스마트 공장은 기계마다 자기 몸 상태에 대한 정보를 실시간으로 전송하는 센서를 붙이고 이 정보를 계속 쌓아 최적 생산 타이밍을 유지하는 패턴을 잡아내는 생산설비다. 풍부한 정보력을 바탕으로 공장이 스스로 생각해 생산량과 제품을 조절하는 것이 특징이다. 아디다스 스마트 공장은 제품 최신 트렌드를 분석해 이를 디자인 부서와 생산라인에 즉각 반영하도록 하는 IoT 시스템을 갖췄다. 인기스타 선수의 골 세리머니 등을 신발에 실시간으로 반영할 수도 있다.

아디다스는 2015년부터 본사가 있는 남부 바이에른 주에 운동화 제작 자동화 시스템(스피드 팩토리)을 구축했고, 그동안 시범 운영했던 로봇 생산 경쟁력이 무르익었다는 판단을 내린 끝에 2017년 공장 이전을 결정했다.

정보통신(IT) 기술 혁명이 기업 스스로 있어야 할 곳을 결정하는 시대가 온 셈이다. 이규봉 한국생산기술연구원 박사는 "아디다스 공장에서는 신발 밑창을 3D 프린터로 제작하고, 개인 발을 스캐닝해서 맞춤형으로 바로 제작한다"며 "첨단 기술을 종합한 선진국에 기반이 있어야 가능한 경쟁력"이라고 평가했다.

재계 고위 관계자는 "독일 등 4차 산업혁명 기술력이 확보된 곳에는 기업들이 오지 말라고 해도 필요에 의해 알아서 간다"며 "세제 혜택과 규제 완화 등 전통적인 리쇼어링 정책 이외에 자생적 스마트 공장 기술을 확보하는 방안이 절실해졌다"고 분석했다.

실제 HSBC는 '아디다스식' 유턴 모델이 미국과 유럽에서 확산되며 탈(脫) 아시아 현상이 가속화할 것으로 내다봤다. HSBC는 미국·유럽 등 주요국 산업용 IoT 투자금액이 향후 4년 간 연 평균 24% 증가해 2020년에는 5,750억 달러에 달할 것으로 예상했다.

한 외국계 스마트 공장 전문가는 "개발도상국 임금 수준이 높아지면서 종전 저가 노동력 매력이 약해지고 있다"며 "글로벌 기업이 생산성이 더 좋은 스마트 공장에 눈을 뜨며 기술력을 확보한 지역으로 보폭을 넓히고 있다"고 진단했다.

리쇼어링으로 한국 경제에 활력을

리쇼어링 전문가들은 해외에서 국내로 돌아오는 유턴 기업을 통해 침체된 한국 경제에 활력을 불어넣기 위해서는 과감한 규제 완화와 고

아디다스는 스마트 공장을 도입하면서 원가 절감을 실현해 2017년부터 외국에 있던 신발 공장을 독일 국내로 이전하기 시작했다. 한국도 중소기업을 중심으로 스마트 공장이 속속들이 도입되고 있다. 사진은 경기도 시흥시 시화공단에 위치한 프론텍의 스마트 공장이다.

부가가치화가 절실하다는 데 한 목소리를 냈다. 특히 중국의 인건비 상승으로 인해 한국에 돌아온 유턴 기업들이 제품의 고부가가치화에 앞장서야 한다는 게 전문가들의 조언이다.

문종철 산업연구원 연구위원은 "기존의 저기술·노동집약적인 방식을 고수하려는 유턴 기업은 인건비가 중국보다 저렴한 베트남 등으로 이전하는 게 낫다"며 "정부도 리쇼어링 정책을 추진하면서 양질의 일자리를 창출할 수 있는 고부가가치화 지원에 나서야 한다"고 강조했다.

이미 국내로 돌아온 유턴 기업들 역시 고부가가치화를 고유의 방식으로 달성해야 한다는 주장도 나왔다. 문 연구위원은 "부산의 신발 제조 유턴 기업들은 독일 아디다스와 같은 방식으로 자동화 설비를 통해 부가가치를 끌어올릴 수 있고, 익산의 쥬얼리 가공기업들도 고임금 숙련노동력을 기반으로 디자인·연구개발(R&D)에서 차별화를 추구해야 한다"고 말했다.

4차 산업혁명 시대를 맞아 제품과 서비스 융합으로 가치를 만드는 '제조업의 서비스화'를 위한 인프라도 보완 필요성이 제기됐다. 이장균 현대경제연구원 수석연구위원은 "유턴 기업이 지방공단으로 올 때 생산설비 지원에만 그치고 있어 제조업의 서비스화를 추구할 생태계가 취약하다"며 "기업 간 거래(B2B) 서비스 기업과 제조 벤처·스타트업을 유턴 기업과 매칭시켜 국내 시장만으로도 경쟁력 있는 제품을 만들도록 도와야 한다"고 강조했다.

여전히 유턴 기업 발목을 붙잡는 '동일업종 규제' 역시 정부 당국 논리가 경제 논리에 앞서는 문제가 벌어지고 있다. 동일업종 규제는 유턴 기업이 관련 법규에서 정한 지원 혜택을 받기 위해 유턴 이후에도 동일업종을 유지해야 하는 것을 골자로 한다. 예를 들어 스마트폰 부품을 만들던 기업이 스마트폰 완제품을 만들면 혜택을 못 받는다. 문 연구위원은 "동일업종 규제는 경제적 측면만 봤을 때 완화해야 하지만 유턴 기업의 업종전환 과정에서 탈세 수단으로 이용될 우려 때문에 개선되지 않고 있다"고 지적했다.

수도권과 비수도권 유턴 기업에 대한 지원 혜택을 달리하는 명분인 '지역균형 발전'의 타당성도 도마 위에 올랐다. 문 연구위원은 "현재 지방에 입주한 유턴 기업 관계자들은 구인난에 시달리며 '일할 사람이 없다'고 고민을 토로한다"며 "수도권 입지규제를 완화하는 동시에 유턴 기업이 안정적으로 정착할 단계까지 관리와 지원을 강화해야 한다"고 말했다.

이 연구위원도 "4차 산업혁명 시대의 시장 확대, 소비자 요구에 부합하기 위해서는 정보통신기술(ICT), 의료기기, 항공우주, 정밀기기 등 기술집적형 고부가가치 산업은 수도권 진입 규제를 완화해 고급 인력 확보를 도와야 할 것"이라고 당부했다.

리쇼어링 정책이 국내 고용 및 투자에 본격적으로 약발을 내기 위해서는 대기업 유턴 모델이 나와줘야 한다. 국내 대기업 중에서는 LG전자가 멕시코 내 세탁기 생산 물량을 줄이고 이 중 일부를 한국으로 돌렸지만 본격적인 리쇼어링이라고 보기는 힘든 수준이다.

이필상 서울대 경제학부 교수는 "한국은 주력 산업이 무너지면서 산업 발전이 한계 상황에 와 있다"며 "4차 산업혁명을 촉진해 유턴 기업을 유치하기 위해서는 사회간접자본이 집중된 수도권 규제 완화를 재고해야 할 때가 됐다"고 말했다. 강성진 고려대 교수는 "예컨대 지방정부가 국내 대기업에 토지를 왕창 제공해준다면 특혜라고 난리가 날 것"이라며 "반기업 정서 때문에 혜택을 주려야 줄 수가 없다"고 진단했다. 그는 "투자하고자 하는 부분에 투자할 수 있도록 반기업 정서를 완화하는 것이 선행돼야 한다"고 말했다.

제2 전성기 맞은 트렉스타의 '리쇼어링' 성공 비결은

"한국으로 유턴해도 중국에서 생산하던 방식을 그대로 답습하면 결코 성공 가능성이 없습니다. 인건비는 더 높은데 생산성이 그대로라면 답이 없죠. 결국 유턴 기업 성공 비결은 생산성이에요. 한국 기술에 맞는 대대적인 자동화 설비를 구축해 고품질 제품 생산 물꼬를 텄던 게 주효했어요."(권동칠 트렉스타 대표)

'1세대' 리쇼어링 기업인 아웃도어 업체 트렉스타 부산 송정동 본사는 활기가 넘친다. 독일 아디다스식 자동화 설비 도입을 늘리며 증설 작업에 불이 붙었다. 트렉스타는 하루 평균 1,200켤레 신발을 만드는 생산 라인에 5~6대의 생산 로봇을 시범 투입한다. 자동화 설비와 필요 인력을 보강한 뒤 2018년 이후 연간 200만 켤레 신발을 만들겠다는 목표를 세웠다.

트렉스타의 2016년 국내 생산량은 60만 켤레다. 자동화 설비 구축으로 3배가량 생산성을 끌어올리겠다는 야심찬 포부를 밝힌 셈이다.

2000년대 후반만 해도 트렉스타는 급등하는 중국 인건비 때문에 골머리를 앓았다. 1988년 주문자상표부착생산(OEM) 업체에서 출발해 1995년 중국 텐진 시에 중국법인과 제1공장을 설립할 때만 해도 좋았다. 2000년까지 텐진 시에 제2공장을 준공하자 당시 중국의 저렴한 인건비가 빛을 발하며 연 매출 1,000억 원대 토종기업으로 성장할 수 있었다.

문제는 그 다음부터였다. 중국 인건비가 급등하며 도저히 채산성을 맞추기 어려워졌다. 트렉스타가 국내로 유턴을 모색하게 된 직접적인 이유다. 권동칠 트렉스타 대표는 "중국 진출 당시 인당 80~100달러이었던 인건비가 평균 700~750달러까지 치솟았다"며 "중국 진출 초기 24시간 2교대 생산이 가능했지만 이 역시 노동규제 강화로 불가능해지면서 리쇼어링 결심을 하게 됐다"고 전했다.

비슷한 시기 10여 개 중소기업이 중국에서 한국으로 유턴을 결정했지만 모두 국내 안착에 실패했다. 권 대표는 유턴에 성공할 수 있었던 비결로 생산성을 손꼽았다. 기업 자체 내공이 없다면 정부 규제 완화, 세제 지원도 효용이 없다는 게 그의 지론이다.

권 대표는 "2018년 상반기부터는 생산 정보를 축적해 최적 생산시기를 조절하는 빅데이터

국내 유턴 후 독일 아디다스식 자동화 설비를 도입해 생산성을 높이고 있는 트렉스타 부산 송정동 공장 모습
사진 제공=트렉스타

자동화 설비가 실제 가동될 수 있을 것"이라며 "현재 인원만으로도 생산성과 품질을 대폭 높일 수 있을 것"이라고 내다봤다.

PART

4
—

그래도 희망은 있다!
대한민국 턴어라운드

조로(早老)한 한국, 국가개조로 대반전

5년 전 경제구조 개혁 액션플랜, 얼마나 이행되었나

대한민국은 이미 조로(早老)했다. 저성장이 고착화되면서 소득계층 간, 세대 간, 지역 간, 노사 간 갈등이 임계치를 넘보고 있다. 조타수 역할을 해야 할 정부는 갈등 조정 능력을 상실했고, 정치권은 정쟁의 소용돌이 속에서 갈등을 풀기는커녕 확대 재생산하고 있다. 통치체제(거버넌스)와 그로부터 비롯되는 각종 시대착오적인 낡은 관습과 기득권에 묶여 대한민국은 고꾸라지기 직전이다.

무엇이 대한민국의 발목을 잡고 있는 문제인지는 모두가 알고 있다.

심지어 그에 대한 해답도 대부분 제시된 상태다. 한국이 직면한 치명적인 병폐는 문제 발견과 해결책에 대한 논의를 무한 반복하면서도 '행동'에 옮기지 않는다는 사실이다. 매일경제는 2012년 한국 경제의 위기 징후와 해법을 주제로 연 '제20차 국민보고대회'에서 사회 각계의 주장을 담은 경제구조 개혁 액션플랜 12가지를 정리해 제시했다. 당시 대선을 앞둔 정치권은 여야를 불문하고 이 같은 제안을 엮은 '위기보고서'에 큰 공감을 표시했다. 심지어 보고서 품귀 현상이 빚어질 정도였다.

5년여의 시간이 흐른 2017년 이 가운데 실천에 옮겨진 것은 얼마나 될까. 매일경제가 당시 제언 12가지의 실행 상황을 점검한 결과 부분적

2012년 매경 국민보고대회 12가지 제언

제언 및 반영 사항	
• 부동산 활성화를 위해 취득세 낮추자	➡ 2014년 1월부터 취득세 영구 인하 실시
• 미래성장동력부 신설	➡ 미래부 신설했지만 창조경제 성과 미흡
• 대체휴일제 도입해 내수활성화	➡ 대체휴일제 도입하 시행 중
• 개별소비세 낮춰 부자 지갑 열자	➡ 자동차 등 일부 품목에 적용
• 건폐율, 층수 제한 과감히 풀어라	➡ 제2롯데월드 등 도심 고층건물 규제 어느 정도 완화
제언 및 미반영 사항	
• 다중채무자 선별적 구제하라	➡ 연내 1,300조 원 돌파 예정… 경감대책 사실상 실패
• 접대비 용어 바꾸고 건전한 사용 유도	➡ 부정청탁법 시행되며 오히려 소비 침체 가중
• 의료 영리법인 허가해 고용 기회 늘리자	➡ 부처 간 갈등으로 출범 지연
• 영종도와 새만금 관광특구 특별법 허용	➡ 정책적 무관심으로 개발 지안
• 하우스푸어 내책은 하우스뱅크로 풀사	➡ 선세난 가중뇌년 가계빚노 승가
• 정치권 선거 공약 태그제 도입	➡ 정치권 포퓰리즘 공약 여전히 성행
• 남북경제협력으로 성장률 높이자	➡ 사드 배치, 북핵 실험으로 남북 관계 더 악화

매일경제는 2012년 9월 제20차 국민보고대회에서 '다가오는 경제지진'이란 주제로 '장기 저성장위기'를 경고했다. 당시 내놓은 보고서는 사회 각계의 요청으로 품귀 현상을 빚을 만큼 큰 관심을 끌었다.

으로나마 이행된 것은 5가지에 불과한 것으로 나타났다.

대책 없이 방치된 대표적인 분야가 '가계부채' 정책이다. 2012년 당시에도 1,000조 원에 이르는 가계부채는 한국 경제의 가장 큰 뇌관으로 지적됐다.

이에 국민보고대회는 다중채무자 182만 명을 지원하기 위해 종합자활 프로그램을 마련하고, 이를 운영할 컨트롤타워 설립을 대안으로 제시했다. 전체 가계부채 중 주택담보 관련 대출이 약 43%를 차지할 만큼 가계 빚 문제가 하우스푸어로 직결된다는 점에서 '하우스뱅크(House Bank)'를 제시하기도 했다. 하우스뱅크는 하우스푸어의 주택 매입과 임대, 건설사 유동성 지원을 위한 미분양 주택 매입 등을 총괄하는 기구다.

하지만 가계부채는 4년 전보다 더 심각한 상황으로 빠져들었다. 가계부채는 2016년 한 해 동안에만 연간 기준 사상 최대인 141조 2,000억 원 늘면서 1,344조 3,000억 원으로 불어났다. 한국은행 〈금융안정보고서〉에 따르면 2016년 9월 말 기준 금융기관 3곳 이상에 빚이 있는 다중채무자의 대출액은 377조 원으로 전체의 가계부채의 30.7%를 기록했다. 이 가운데 소득이 적거나 신용등급이 낮은 취약차주는 146만 명, 대출 규모는 78조 6,000억 원이나 됐다. 빚 갚을 능력이 현저히 떨어져 부실대출로 이어질 수 있는 가계부채 규모가 심각한 수준에 이르렀다는 의미다.

또 당시 국민보고대회에서는 의료법인 고용이 제조업의 6배라는 점을 강조하며 의료영리법인을 허용해 고용을 창출하자는 주장이 제기됐지만 여전히 '서비스산업발전기본법안'과 원격진료를 허용하는 '의료법 개정안'은 한 발짝도 나아가지 못했다. 김대중·노무현 정부를 비롯해 이명박·박근혜 정부까지 매 정권마다 서비스산업 발전의 핵심으로 지적됐지만 공공적 성격을 갖고 있는 의료 부문 특성상 '민영화' 딱지에 가로막혀 진전을 보지 못하고 있다.

남북경제협력으로 제2·3의 개성공단을 통해 막혀 있는 성장 활로를 뚫자는 주장도 전혀 실현되지 못했다. 영종도와 새만금에 관광특구 특별법을 허용하자는 의견 역시 정치권에서는 일부 해당 지역 국회의원을 제외하면 아예 무관심으로 일관했다. 이밖에도 당시 부정적인 어감을 갖고 있는 '접대비' 용어를 바꾸고 '문화접대비'에 대한 혜택을 늘려 내수활성화를 도모하자는 주장은 오히려 김영란법(청탁금지법) 시행으로 뒷걸음질쳤다.

조준모 성균관대 경제학과 교수는 비슷한 정책과 개혁 논의가 반복되는 이유로 이전 정부와의 차별성을 강조하면서 일관성 없는 정책을 수립하게 하는 제도적 문제를 꼽았다. 조 교수는 "우리 정치권은 여당이 되는 순간 대통령을 맹목적으로 보호하고, 야당은 무조건 여당을 공격하는 함정에 빠져 경제·사회 발목을 잡는다"며 "독일 슈뢰더 총리의 노동정책을 메르켈 정권이 승계한 것처럼 과거 정부의 좋은 정책은 승계하고, 중장기적인 방향에서 정책의 일관성을 유지하는 관행을 확립해야 한다"고 조언했다.

침몰하는 한국 성장엔진, 국가개조로 대반전할 때

2017년 침몰하는 한국호(號)를 '턴어라운드(Turn Around, 대전환)'할 절호의 기회다. 대통령 탄핵, 대선 정국을 거치며, 지금까지처럼 정권마다 일관성 없는 정책만 남발하는 국가시스템을 개조해야 한다는 데 모두가 동의하고 있다. 그 첫 걸음이 거버넌스 개혁을 위한 '개헌'이다.

정치권에서는 이미 구체적인 개헌의 시기와 내용을 두고 갑론을박이 펼쳐지고 있다. 특히 '제왕적 대통령제'라 불리는 현 5년 단임 대통령제는 논의의 중심에 위치하고 있다. 매일경제가 각계 전문가를 초빙

바람직한 통치체제는

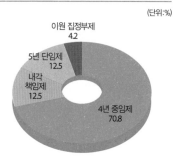

(단위:%)

이원 집정부제
4.2

5년 단임제
12.5

내각
책임제
12.5

4년 중임제
70.8

자료=MK현인그룹 설문조사

대통령 단임제를 바꿔야 한다면 이유는

(단위:%)

대통력 책임성 약화
14.3

대통령 권한 비대
14.3

정책수행 일관성 부족
71.4

자료=MK현인그룹 설문조사

한 'MK현인그룹' 24명에게 '바람직한 통치체제'에 대한 설문조사를 진행한 결과 87.5%(21명)는 "현행 대통령 5년 단임제가 적절하지 않다"고 입을 모았다. 대안으로는 '4년 중임제'를 꼽은 의견이 70.8%로 압도적이었다. 이어 내각책임제(12.5%), 현행 유지(12.5%) 순이었다. 반면 분권형 대통령제 방안으로 거론되는 '이원집정부제'는 4%에 불과했다.

현행 단임제를 바꿔야 하는 이유로 '정책 수행의 일관성 부족'을 꼽은 전문가가 71.4%로 가장 많았다. 이어 '지나치게 비대한 대통령 권한'과 함께 '책임지지 않는 대통령'을 꼽은 의견이 각각 14.3%로 뒤를 이었다. MK현인그룹은 한국 경제·사회가 줄어든 파이를 놓고 '바닥으로의 경쟁'을 펼치는 '공동체 실패'에 빠져 있다고 분석했다. 그 결과 "사회 갈등과 국론 분열이 이어지며 현재 남미형 추락과 선진국 도약의 기로에 놓여 있다"고 전문가들은 입을 모았다.

MK현인그룹은 이런 난국 돌파와 관련해 현행 5년 단임제는 소득

양극화, 구조조정 등 산적한 현안을 장기적 안목에서 풀어갈 수 없다며 '사망선고'를 내렸다. 이를 대신해 '4년 중임제'를 최적의 대안으로 꼽은 이유는 "저성장의 늪에 빠진 한국 경제를 되살리기 위해선 '일관성' 있는 경제정책이 가장 중요하기 때문"이라고 지적했다.

이는 현행 5년 단임제로 인해 나라의 미래를 좌우할 중요 개혁 과제가 차기 정부로 이어지지 않고 경제 정책이 지나치게 단기성과 위주로 짜이는 부작용이 반복돼 왔기 때문이다. 예를 들어 10여 년 전 노무현 정부가 저출산 문제를 해결하기 위해 만든 '저출산고령사회위원회'는 대통령 직속 기구였다가 이명박 정부 시절 복지부 장관 소속으로 '격하'된 바 있다. 이명박 정부에서 관계 부처의 신속한 협력을 이끌어냈던 대통령 직속 '녹색성장위원회'는 박근혜 정부 들어 총리실 산하로 바뀌었다. 선진국에서는 정권과 무관하게 추진해 온 두 정책이 유독 한국에서만 수년 동안 단절됐던 셈이다.

긴 호흡의 정책은 사라지고, 단기 실적주의만 팽배하다 보니 경제 정책 입안자들은 산업 구조조정 같은 골치 아픈 일은 뒤로 미루고, 추가경정예산(추경) 편성 같은 성장률 높이기 정책에만 집중해 왔다. 경제 체질이 점점 약화될 수밖에 없었다. 결국 정치권의 개헌 논의 과정에서 저출산·저성장 같은 한국 사회의 구조적 문제를 긴 호흡에서 해결할 수 있는 '효율성 높은 정치 체제'를 고민해야 한다는 게 경제 전문가들의 중론이다. 또 개헌 과정에서 포퓰리즘적 조항을 넣지 말고 자유시장 경제 체제의 기본원칙을 지켜야 한다는 지적도 많다.

설문에 참여한 성태윤 연세대 경제학과 교수는 "일관성 있는 경제정책 추진을 위해 단임제보다는 4년 중임제가 한국에 적합하다"며 일본을 예로 들었다. 내각제 특성상 정권 교체가 빈번했던 상황에서 '잃어버린 20년'을 맞았던 일본이 강력한 아베 정권 이후 안정 기조를 되찾고 있는 모습을 타산지석(他山之石) 삼아 한국도 '지속 가능성' 있는 거버넌스 수립이 필요하다는 주장이다. 조준모 성균관대 경제학과 교수도 "사회적 갈등 해소와 저성장 탈피를 위해선 개헌을 통한 거버넌스 개혁이 해답"이라며 "이를 통해 정부가 일관성 있고 예측 가능한 정책을 수립해 시행할 때 집단이기주의와 정치권의 포퓰리즘을 줄일 수 있다"고 말했다. 이어 "열심히 하는 정부는 연임이 가능하게 하고 못하는 정부는 국민의 심판을 받을 수 있도록 인센티브를 줘야 한다"고 덧붙였다.

이와 달리 오정근 건국대 특임교수는 '이원집정부제' 개헌의 필요성을 강조했다. 오 교수는 "다음 정권은 추락하는 성장동력을 회복하는 동시에 완전한 핵 능력을 보유한 북한을 상대하는 이중의 과제를 안게 된다"며 "정치·외교와 경제·사회 분야로 역할을 분담하는 이원집정부제가 바람직하다"고 설명했다.

자유시장·공정경쟁 강화… 규제는 네거티브 체제로

또한 전문가들은 포퓰리즘(인기영합주의)적 헌법 개정 논의를 배격하고 사유재산은 철저히 보호하되 공정한 경쟁이 이뤄지는 방향으로 개헌이 이뤄져야 한다고 지적한다.

김성태 한국개발연구원(KDI) 거시경제연구부장은 "자유시장경제 원칙에 맞춰 개헌을 해야지, '누가 미워서', '누구를 혼내야 하기 때문에' 같은 취지로 포퓰리즘적 내용이 헌법에 들어가서는 안 된다"며 "예를 들어 중소기업 보호를 더 구체적으로 한다든지 하는 건 경제 발목을 잡을 독소 조항이 될 수밖에 없고 오히려 공정경쟁에 방해가 된다"고 말했다.

대한민국 헌정 사상 처음으로 '경제민주화' 조항이 들어간 현행 헌법에도 이미 농업·어업·중소기업·소비자 등 경제 약자에 대한 보호 조항이 들어가 있지만 일부 조항은 현실을 반영하지 못하고 있다. 121조 '농지 경자유전 원칙'이 대표적이다. 임차농지가 전체 농지 절반에 달하는 상황에서 임대농의 경영 불안만 초래한다는 지적이 계속돼 왔다. 이석연 전 법제처장(법무법인 서울 변호사)은 "경제민주화 조항은 만능이 아니다"며 "현행 헌법에 있는 경제 조항에 대한 손질이 필요하다"고 강조했다.

한편 개헌 논의가 정치권의 또 다른 정쟁 도구로 변질되도록 내버려 둬선 안 된다. 한국의 사회 갈등은 이미 위험 수위기 때문이다. 앞서도 언급했듯, 매일경제가 한국경제연구원과 공동으로 경제협력개발기구(OECD) 회원국 34개국을 대상으로 '사회갈등지수'를 산출한 결과 한국의 갈등 지수는 1.88로 OECD 평균 1.13 보다 1.6배 높았다. 따라서 개헌 논의는 한국 사회 전반을 옥죄고 있는 갈등 에너지를 긍정적인 발전 에너지로 전환시키는 계기가 돼야 한다는 지적이 높다.

'신뢰 · 속도 · 소통'
한발 빠른 일본 아베 **리더십**에서 배워라

일본에서 처음으로 조류독감(AI)이 접수된 것은 2016년 11월 28일 오전 8시 30분이었다. 아오모리(靑森) 현의 한 농장에서 H6N6형 조류 독감이 처음 발견됐다. 일본 정부의 첫 대응은 그로부터 2시간 10분 뒤인 오전 10시 40분이었다. 아오모리 현에서 보낸 방역 요원들이 곧바로 농장에 진입해 살처분을 진행했고 다음날까지 오리 1만 7,000마리를 살처분했다. 그리고 그날 밤 11시 아베 신조 일본 총리는 곧바로 AI 방역 컨트롤타워를 설치하고 방역 단계를 최고 단계로 높였다. 이는 불과 이틀 만에 일어난 일로 일본은 100만 마리 매몰 처분에 그쳤다. 반면 한국은 2016년 11월 11일 첫 신고 접수 후 12일이 지나고서야 '주의단계'를 내렸다. 한국은 2017년 3월까지 약 4개월간 총 3,600여만 마리의 가금류를 살처분했다.

사상 최악으로 치달은 AI 사태를 거치며 한국에서도 아베 일본 총리 리더십을 배워야 한다는 목소리가 높다. 아베 리더십에서 가장 돋보이는 것은 바로 속도다. 위기가 닥치면 총리가 모든 책임을 지고 직접 정부 관료에 지시를 내려 발 빠르게 대응한다. 정부 관계자는 "아베 리더십은 직속 내각부에 힘을 실어주면서 정부 전체를 총괄하고 발 빠르게 대응하도록 한다"면서 "그동안 느린 대응으로 질타를 받던 재무성(과거 대장성)의 힘을 빼고 직접 내각을 통솔해 개혁을 단행하고 있다"고 전했다.

아베 총리의 강력하고 신속한 리더십은 경제 정책에서도 힘을 발휘하고 있다. 일본 경제의 '잃어버린 20년'을 초래한 원인 가운데 하나로 지적되는 폐쇄적 문화는 아베 총리의 리더십 아래서 점차 탈피하는 분위기다. 대표적인 정책이 앞서 언급했던 '아베듀케이션(Abeducation)' 정책이다. 아베 총리는 세계 100대 대학 안에 일본 대학 10개를 진입시키는 목표를 내놓으면서 온라인 교육 프로그램 확대, 산학 협력 촉진 보조금, 대학 지배구조 개혁 등을 내놓았고, 6만 명 수준에 그치는 외국인 유학생을 장학금 지급으로 30만 명까지 늘려 국제화에도 탄력을 주기로 했다.

또한 '국가 전략 특구'를 지정, 대기업의 농업 진출을 허용해 고급 농산품을 생산할 수 있도록 길을 열어준 것도 참고할 만한 정책으로 지적된다. 농업 개혁을 위해 아베 총리는 기업의 농지소유를 허용하는 것은 물론, 농가 레스토랑 설립과 농업기업에 대한 신용보증제도까지 도입했다. 실제로 일본 편의점 체인 로손(LAWSON)이 2015년 니가타 시에 농업생산법인을 설립하고 삼각김밥용 쌀 생산에 직접 나선 게 대표적 사례다. 이는 경자유전 원칙에 묶여 농업 경쟁력이 정체된 한국과 대조되는 부분이다.

문제는 아베 총리가 신속하게 통상 전쟁에서도 주도권을 잡으면서 한국이 산업 경쟁력에서 밀릴 수 있다는 것이다. 이는 환태평양동반자협정(TPP)에 대한 대응만 봐도 극명하게 드러난다. 아베 총리는 2016년 11월 TPP 탈퇴를 선언한 도널드 트럼프 후보가 미국 대선에서 당선되자 일주일 뒤 곧바로 미국을 방문해 트럼프 후보와 회담을 가졌다. 물론 트럼프 후보가 TPP 탈퇴 입장을 굽히지 않고 있지만 아베 총리의 리더십에 힘입어 일본 기업들이 해외 진출을 적극 타진하는 계기로 작용했다는 분석이다. 손정의 소프트뱅크 회장은 트럼프 후보를 만나 미국에 500억 달러를 투자하겠다는 계획을 밝힌 바 있다.

이 같은 아베 총리의 리더십은 결국 '소통'에서 나온다는 것이 전문가들의 분석이다. 특정 정책을 추진하기 전 먼저 관료, 야당, 재계, 언론 등과 소통을 통해 방향을 설정한 뒤 국민 지지를 바탕으로 강력한 개혁을 안착시킨다는 것이다. 박철희 서울대 국제대학원 교수는 "아베 총리는 국민들이 가장 원하는 것이 '경제 활성화'라는 사실을 정확히 꿰뚫고 강력한 리더십을 통해 디플레이션에서 탈출할 수 있다는 기대 심리를 높였다"면서 "아베노믹스 정책을 추진하기 전 사회 각계와 먼저 소통한 뒤 정책 방향을 설정해 추진하다 보니 개혁이 반대에 밀려 좌초하지 않는다"고 설명했다.

비욘드 코리아에 답 있다

"한국이 너무 비좁다"

2017년을 성공으로 이끌 두 가지 키워드, 통합과 소통은 국내에서만 필요한 게 아니다. 시야를 바깥으로 넓혀 주변국까지 시장을 통합(統)해 긴밀히 소통(通)하면 성장 한계에 부딪힌 기업들도 얼마든지 돌파구를 찾을 수 있다.

한국이란 좁은 시장 울타리를 뛰어넘어 세계로 향하는 '비욘드 코리아(Beyond Korea)' 전략. 거센 글로벌 보호무역 파고를 넘을 수 있는 한국의 새로운 세계화 전략이다. 내수시장의 범위를 국내로 한정짓던 기존 사고에서 벗어나 중국과 일본을 포함한 아시아 시장을 내수시장 범위에 포함시키는 것으로, 이 같은 발상의 전환을 통해 그동안 내수에만 치중하던 유통·문화 분야를 중심으로 아시아 시장 진출이 활발해지고 있다.

한방 화장품 브랜드 '설화수' 단일 제품 판매로만 1조 원 매출을 달성한 아모레퍼시픽은 2017년 시무식에서 경영 방침을 '처음처럼'으로 정했다. 서경배 아모레퍼시픽 회장은 이날 "우리만의 아름다움으로 전 세계에 '일등이 아닌 유일'의 품격 있는 가치를 선보이는 뷰티 기업으로 자리매김하겠다"며 "중화권·아세안·북미 등 3대 주요 시장을 중심으로 글로벌 시장 공략을 강화하고 중동·서유럽 등 신시장을 본격적으로 개척하겠다"고 밝혔다. 세상이 달라진 만큼 달라진 시각과 방식으로 성장하겠다는 선언이다.

2017년 한국 경제가 마주하고 있는 새로운 세계화 시대는 생산과 소비가 '글로벌하게' 이뤄지고 있다는 특징을 갖고 있다. 한마디로 내수와 수출입이 서로 유기적으로 연결돼 있다는 뜻이다. 이 같은 의미에서 그동안 매출의 대부분을 내수에만 의존했던 중견·중소기업들의 수출기업화가 절실하다.

조선업종이 사상 최악의 불황에 허덕이고 있지만 부산에 위치한 조선 기자재 업체 한라IMS는 '군계일학'으로 빛난다. 28년간 한 우물을 파면서 세계 최고의 선박용 평형수 관리 기술을 확보한 회사다. 국내 조선소 납품만으로는 성장 한계에 부딪히자 세계 시장 공략에 나섰고,

그 결과 적자의 늪에서 빠져나와 이익이 매년 2배씩 늘고 있다.

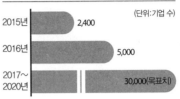

내수기업의 수출기업 전환 실적

(단위:기업 수)

2015년	2,400
2016년	5,000
2017~2020년	30,000(목표치)

자료=한국무역협회, KOTRA

특히 대표적인 '내수업종'으로 꼽히는 유통업체들은 한류 열풍을 타고 앞 다퉈 해외시장 개척에 나서고 있으며 그 뒤를 홈쇼핑 업체가 잇고 있다. CJ오쇼핑은 베트남·필리핀·멕시코, GS홈쇼핑은 인도·태국·인도네시아·말레이시아 등에서 사업을 진행하고 있다.

식품업계도 내수시장을 넘어 세계시장으로 확장해 나가고 있다. 세계 100여 개국에 수출되는 농심의 주력 제품 '신라면'이 미국과 중국은 물론 일본과 동남아시아까지 영역을 확대하고 있다. 대표적인 내수 업종으로 꼽히던 식품산업이 이제는 명실상부한 수출 산업으로 자리 잡았다. 삼양식품, 팔도 등 업체들도 한류 바람을 타고 해외 판매를 대폭 늘렸다.

CJ제일제당은 친환경 바이오 발효 공법으로 만든 아미노산 소재 '시스틴'을 개발하는 등 세계시장을 겨냥해 신소재 연구에 매진하고 있다. 국내 시장에서 사업의 토대를 닦은 다음 주변국 시장을 무대로 종횡무진하는 트렌드는 내수 중소기업과 자영업으로 빠르게 확산되고 있다. 산업통상자원부에 따르면 2015년 2,400개에 이어 2016년에도 5,000개 이상 내수기업이 수출기업으로 전환했다. 수출액이 수백억 원에 달하는 전통 제조업 중견기업부터 수천만 원어치 의류를 해외에 처음 수출한 1인 기업까지 규모와 업종도 다양하다.

정부는 2017년부터 2020년까지 3만 개 이상 내수기업을 수출기업으로 전환한다는 목표를 세웠다. 관건은 상품화 전략을 어떻게 짜느냐와 정부가 기업의 해외 진출을 얼마나 효율적으로 지원하는가에 모아지고 있다. 천용찬 현대경제연구원 선임연구원은 "전략을 다시 짜야 할 시점"이라며 "핵심 기술 확보에 주력하고, 수출 구조를 중간재가 아닌 최종재로 전환해야 한다"고 조언했다.

중국 한한령에 주춤한 한류, 한국식 스튜디오로 뚫는다

'한류'로 대표되는 문화 콘텐츠 분야는 비욘드 코리아 전략의 첨병 역할을 하고 있다. 한류 콘텐츠를 개발할 때 중국, 동남아 진출을 염두에 두는 것은 이미 공식으로 자리 잡았다.

케이블TV 드라마로 역대 최고 첫 방송 시청률(TNMS 기준 6.7%)을 기록한 후 대히트를 친 〈도깨비〉. '1,000만 배우' 공유와 〈태양의 후예〉 김은숙 작가의 만남은 한국뿐만 아니라 중국까지 홀렸다. 중국 최대 온라인 음원 플랫폼인 큐큐 뮤직, 쿠워, 쿠고우 등에서 〈도깨비〉의 OST가 차트 최상위권을 휩쓸기도 했다. 2016년 11월 24일 첫 방송 직후 〈도깨비〉 OST는 큐큐 뮤직 일간·주간차트 1위, 쿠워 일간·주간차트 1위,

쿠고우 베스트차트 8위를 각각 기록했다. 중국 내 입소문도 상당했다. 〈도깨비〉는 2016년 12월 기준으로 중국판 트위터 '웨이보' 화제의 페이지에서 누적조회 8억 3,000만 뷰를 기록했다.

10년째 연재 중인 웹툰 〈마음의 소리〉도 최근 한류의 저력을 여실히 보여주는 콘텐츠다. 단순하고 즉흥적인 성격의 만화가 지망생과 그의 가족들이 벌이는 엉뚱한 일상을 담은 지극히 '한국적인' 작품이지만 중국에서도 높은 인기를 구가하고 있다. 웹드라마로 제작돼 2016년 11월 중국 소후닷컴을 통해 처음 공개된 〈마음의 소리〉는 같은 해 12월 15일 기준으로 동영상 조회 1억 건을 돌파했고, 소후닷컴의 한국드라마 집계에서도 1위를 기록했다. 짙어지고 있는 중국 내 '한한령(限韓令)' 그림자 속에서도 순수한 콘텐츠의 힘만으로 어려움을 극복해내고 있는 것이다.

이들 콘텐츠가 반가울 수밖에 없는 이유는 현재 미국과 중국이라는 거대 자본 앞에 끼어 '넛크래커' 처지에 빠진 한류 콘텐츠가 재도약할 수 있는 가능성을 보여줬기 때문이다. 현재 국내 엔터테인먼트 업계는 차이나머니가 콘텐츠 제작시장을 잠식하고 있는 중이다. 국내 엔터테인먼트 관련 상장사 23곳 가운데 82.6%에 달하는 19곳이 중국계 기업이 주요 주주로 있거나 대규모 자본 투자를 받았다.

영화판에선 할리우드 머니의 폭풍이 거세다. 2016년 국내 영화흥행 2위를 기록한 〈밀정〉과 4위를 기록한 〈곡성〉은 각각 워너브러더스코리아와 20세기폭스코리아가 투자·배급을 맡았다.

업계에서는 문화 콘텐츠 분야에서도 내수시장에만 머물지 말고 글로벌 성장동력을 만들지 않으면 위험하다고 우려하고 있다. 전문가들은 '한국형 스튜디오 구축'과 '문화 정보기술(IT) 육성'을 통해 돌파해야 한다고 조언한다. 한국식 콘텐츠 제작의 체력을 높이는 동시에 수출하는 콘텐츠의 유통 경쟁력을 강화해야 한다는 뜻이다. 한국형 스튜디오의 대표적인 사례는 '스튜디오 드래곤'을 꼽을 수 있다. 〈도깨비〉와 함께 이민호·전지현 주연 〈푸른 바다의 전설〉로 연타석 홈런을 친 이곳은 국내 드라마 제작 환경의 판을 바꿨다는 평가를 받는다.

그동안 국내 드라마 제작사들은 지상파 방송에 편성돼야만 수익을 낼 기회를 확보할 수 있었다. 방송사의 제작비 지급률은 40~60% 수준에 불과하기 때문에 제작사들은 손익보전을 위해 PPL(간접광고), OST 등 부가사업과 판권유통을 통해 제작비를 직접 조달해 왔다.

한국식 스튜디오 시스템 개요

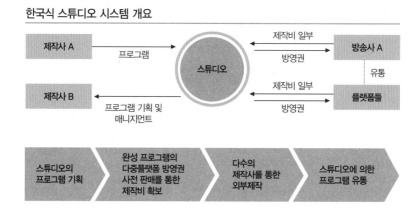

반면 스튜디오 드래곤은 콘텐츠 기획·개발과 자금운용 등을 스튜디오가 직접 주도하고, 작가와 연출자 등 창작인력이 모인 개별 제작사가 콘텐츠 제작에 전념하는 투트랙 방식을 도입했다. 스튜디오는 제작비를 제작사에 100% 지급하고, 프로그램 기여도에 따라 해외 판권 수익을 배분해 추가 수익도 지원한다. 최근 한류 콘텐츠 첨병으로 활약하는 드라마들이 이 같은 방식으로 제작된 셈이다.

최진희 스튜디오 드래곤 대표는 "드라마 전문 스튜디오 도입으로 스토리, 기획력, 제작환경 등 콘텐츠 본연의 경쟁력을 강화해 중소 제작자들과 상생하는 것이 목적"이라고 말했다. 이에 발맞춰 CJ E&M은 스튜디오 드래곤과 함께 2020년까지 약 130억 원을 투자하는 신인 드라마·영화 작가 육성 계획을 발표했다. 이 사업은 작가(Pen)를 꿈꾸는 이들에게 열려 있는(Open) 창작 공간과 기회(Opportunity)를 제공한다는 의미에서 '오펜(O'PEN)'으로 명명됐다. 모집 공고를 거쳐 드라마·영화 신인 작가들을 선발해 500~1,000만 원 내외 창작 지원금을 주고 개인 집필실도 제공한다.

'문화 IT' 육성은 모바일 앱에 차세대 근거리통신 기술인 비콘을 적용해 K팝 공연의 접근성을 높인 '렛츠마마(Let's MAMA)' 앱이 대표적이다. 증강현실(AR)과 알림 서비스를 제공하는 렛츠마마는 2016년 12월 홍콩에서 열린 엠넷아시아뮤직어워드(MAMA)에서 정식 도입돼 해외 K팝 팬의 높은 만족을 이끌어 냈다. 앱만 설치하면 공연정보를 받아볼 수 있고, 아티스트와의 팬 미팅, 경품 이벤트 참여 신청 등이 자동으로 된다.

실제 방탄소년단의 팬인 케이티 링 군(16, 홍콩)은 "2016년에 이어 두 번째 MAMA를 찾았는데 2017년에는 티켓과 행사 프로그램 북을 들고 다니지 않아도 될 정도로 편하게 행사를 관람했다"고 말했다. 실제 이 앱은 해외에서 더욱 높은 호응을 받고 있는 것으로 나타났다. 2016년 12월 12일 기준 앱 다운로드가 총 10만 7,518건을 기록했는데 한국 내 다운로드는 6%에 그쳤다. 태국이 38%로 가장 많았고, 말레이시아(7%)와 홍콩·중국(6%)이 뒤를 이었다.

SM엔터테인먼트도 IT를 접목한 콘텐츠 개발에 적극적이다. SM은 2016년 SK텔레콤과 협력해 사물인터넷(IoT) 기술을 활용한 한류 레스토랑을 개발한 바 있다. 블루투스 기능을 이용해 스마트폰으로 메뉴를 검색해 주문하고, 음식을 기다리는 동안 소속 가수의 모바일 동영상을 무료로 즐길 수 있게 하는 방식을 채용했다. 문화 IT를 통해 한한령이나 해외 거대 자본의 도전을 극복하겠다는 의도에서 추진된 것이다.

클릭 한 번으로 쇼핑 끝

'소비의 세계화'가 국내 자영업자들에게도 새로운 기회를 제공하고 있다. 내수 침체가 이어지면서 자영업자들이 할 수 있는 오프라인 사업은 크게 위축됐다. 10년 전만 해도 서점, 옷가게, 비디오·만화대여점 등이 대표적인 자영업종으로 꼽혔지만 지금은 치킨집과 커피전문점 등

외식업종 정도만 남은 상황이다. 좁은 시장에서 치열한 경쟁을 하다 보니 자영업자들의 어려움은 가중되고 있다. 국내 경제활동인구 가운데 자영업자 비율은 27.4%로 경제협력개발기구(OECD) 31개 회원국 가운데 네 번째로 높다. 이들 중 60%는 3년을 채 버티지 못하고 사업을 접는다.

하지만 온라인에선 사정이 다르다. 온라인 창업의 가능성은 무궁무진하다. 더구나 한류 열풍을 타고 한국산 제품 수요가 아시아 각국을 중심으로 확대되면서 국내 온라인쇼핑몰들은 '해외직판(역직구)'으로 시장 영역을 넓혀가고 있다. 1인 창업자들이 국내시장뿐 아니라 해외시장에서도 상품을 파는 시대가 열린 셈이다.

여성패션 전문 온라인쇼핑몰 '미아마스빈'은 영문·중문·일문 사이트를 별도로 운영하고 있다. 처음 창업을 할 때만 해도 '1인 기업' 성격이 강했지만 해외 판매가 늘어나면서 규모는 갈수록 커져갔다. 해외 매출이 급격히 증가하면서 2016년 해외에서 발생한 매출만 40억 원에 이른다. 강병석 미아마스빈 대표는 "특히 일본 시장에서 크게 성장하고 있는데 가격 경쟁력이나 화보컷 등을 비롯한 한국 온라인 몰만의 독특한 쇼핑 콘텐츠가 어필하고 있다"며 "세계시장에서 K패션에 대한 선호도가 높아지는 만큼 글로벌 시장에서도 한국 온라인쇼핑몰은 매력이 있다"고 말했다.

온라인쇼핑몰 플랫폼을 제공하는 '카페24'에 따르면 카페24의 영문 해외직판 온라인쇼핑몰은 2013년 2,900개에 불과했지만 2016년에는

급증하는 전자상거래 수출 규모

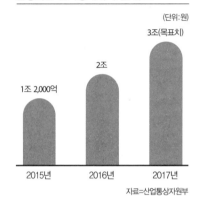

(단위:원)

3조(목표치)

2조

1조 2,000억

2015년　2016년　2017년

자료=산업통상자원부

팽창하는 세계 전자상거래 시장

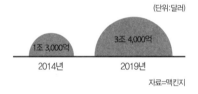

(단위:달러)

1조 3,000억

3조 4,000억

2014년　2019년

자료=맥킨지

급증하는 해외직판 전문몰

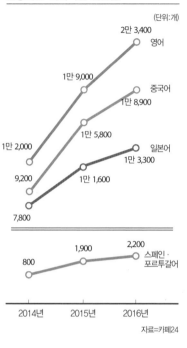

(단위:개)

2만 3,400　영어

1만 9,000

중국어
1만 8,900

1만 2,000

1만 5,800

일본어
1만 3,300

9,200

1만 1,600

7,800

800　1,900　2,200　스페인·
포르투갈어

2014년　2015년　2016년

자료=카페24

2만 3,400개로 10배 가까이 늘었다. 중문 쇼핑몰은 같은 기간 2,300개에서 1만 8,900개, 일문 쇼핑몰은 2,200개에서 1만 3,300개로 급증했다. 남미 시장을 겨냥한 스페인·포르투갈어 쇼핑몰도 2,200개가 운영되고 있다. 카페24를 통해 문을 연 해외직판 쇼핑몰에서의 해외 수출액은 2015년 기준 1,100억 원에 달하며, 2016년 상반기에는 전년 같은 기간 대비 44% 증가한 것으로 집계됐다. 신세계화 시대를 맞아 '디지털 자영업자'들이 급격한 성장세를 이어가고 있는 셈이다.

직장을 퇴직한 뒤 가정주부로 생활해온 이영인 씨(34)는 최근 중국인을 겨냥한 중국어 인터넷 방송을 시작했다. 한국인들이 생활하면서 사용하는 각종 물품 등을 소개하는 내용의 인터넷 방송이다. 소개된 물품들은 바로 구매가 가능하고, 그에 따른 판매수익을 판매자와 나누는 비즈니스다. 이 씨는 "정부와 기업 모두 '글로벌'을 외치고 있는데 자영업이야말로 기존 틀을 깨고 세계로 진출할 때가 아닌가 하는 생각이 든다"고 말했다.

여성패션 전문 쇼핑몰 '위드이픈'은 중국 시장에서 실시간 라이브 방송으로 판매 마케팅을 진행하면서 큰 성과를 거두기도 했다. 이형정 위드이픈 대표는 "한국 상품이라는 자체만으로도 중국어권에서 큰 마케팅 효과를 볼 수 있다"며 "이를 적극 활용하면 좋은 기회를 잡을 수 있다"고 설명했다.

아시아권뿐만 아니라 미국 시장도 열려 있다. 패션 전문 쇼핑몰 '코우리'는 영어권 쇼핑몰을 개설해 2년 연속으로 매출이 3배씩 증가해왔다. 황유나 코우리 대표는 "창업 초기부터 글로벌 시장을 지향했고, '메이드 인 서울'이라는 브랜드 이미지를 만들어가고 있다"고 했다.

쑥쑥 크는 전자상거래 시장은 수출의 새로운 루트가 되고 있다. 산업통상자원부에 따르면 전자상거래 수출은 2015년 1조 2,000억 원에서 2016년 2조 원을 돌파했다. 수출 품목의 90%가 의류, 화장품, 패션잡화 등 정부가 유망 수출 품목으로 밀고 있는 소비재 상품이다. 이형근 대외경제정책연구원 연구원은 "수출이 2년째 부진한 가운데 전자상거래 수출은 성장성이 높고 세계적으로 강화되고 있는 무역장벽을 헤쳐 나갈 수 있는 대안으로 떠오르고 있다"고 분석했다.

그러나 현재 국내 전자상거래는 온라인쇼핑몰에만 집중돼 있는 게 한계다. 국내 수출기업 10곳 중 1.5곳만이 전자상거래를 이용하고 있을 정도로 활용이 미미한 실정이다. 김경훈 한국무역협회 연구원은 "전자상거래 시장 확대는 매출뿐만 아니라 금융 등 관련 서비스 시장 확대로 이어지는 만큼 파이를 키우는 동시에 정부가 나서 국제 온라인 통상 규범 수립 과정에서 주도권을 확보해야 한다"고 강조했다.

'디지털 무역'에 올라타라

디지털 무역이 주목받는 이유는 거래 비용을 축소할 수 있고, 세계 시장에 즉각적인 접근이 가능하기 때문이다. 맥킨지는 "2008년 금융 위기 이후 세계 교역이 정체된 것처럼 보이지만 디지털 경제는 연평균 10% 이상 성장하고 있다"며 "2015년 기준 전 세계 상품 교역에서 전자상거래가 차지하는 비중은 12% 수준이지만 수년 내로 20%를 돌파할 것"이라고 전망했다.

특히 스타트업일수록 디지털 경제 활용도가 높은데, 맥킨지 조사 결과 스타트업의 86%가 무역거래를 할 때 전자상거래를 이용하는 것으로 나타났다. 한국무역협회도 2016년 보고서에서 디지털 무역이 국제

무역 패러다임을 근본적으로 전환시키고 있다고 분석했다. 민경실 한국무역협회 연구원은 "디지털 무역은 무형의 데이터 교역, 소규모 기업 및 개인의 참여 확대, 아이디어의 자유로운 이동, 중간재 교역 위축 등을 유발해 신세계화 시대 무역시장을 새롭게 규정할 것"이라고 강조했다.

그러나 디지털 무역에 있어서 한국은 '정보기술(IT) 강국'이라는 칭찬이 부끄러울 정도로 뒤처져 있다. 특히 국경 간 전자상거래(Cross Border Trade, CBT) 시장 정체가 디지털 경제 영역의 대표적인 불안 요소로 꼽힌다.

한국무역협회에 따르면 2015년 기준 세계 CBT는 3,000억 달러 규모로, 이 중 중국이 739억 달러를 차지하는 데 비해 한국은 27억 달러에 불과하다. 각 국가 내 전자상거래 비중으로 봐도 중국은 17%가 CBT지만 한국은 8% 수준이다.

맥킨지가 분석한 '2016년 디지털 연계지표'를 보면 한국은 상품 교

급감하는 전통 방식의 세계 무역

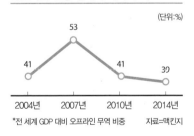

(단위:%)

53

41   41

39

2004년   2007년   2010년   2014년

*전 세계 GDP 대비 오프라인 무역 비중   자료=맥킨지

국경 간 전자상거래(CBT) 규모

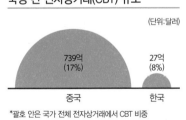

(단위:달러)

739억
(17%)

27억
(8%)

중국   한국

*괄호 안은 국가 전체 전자상거래에서 CBT 비중

자료=한국무역협회

역이 세계 8위지만 데이터 교역은 44위에 그쳐 극심한 불균형을 나타냈다. 민 연구원은 "한국은 정보통신기술(ICT) 서비스와 디지털 플랫폼 분야에서 다른 국가에 훨씬 못 미친다"며 "플랫폼과 전문 인력 양성이 절실하다"고 조언했다. 이상진 산업통상자원부 통상교섭실장은 "한국·중국·일본이 2016년 디지털 마켓 단일화에 합의한 만큼 온라인 전자상거래 규모가 더 커질 것"이라며 "온라인 관세 문제 등을 우선적으로 해결해야 한다"고 강조했다.

국가 간 전자상거래를 통한 상품·서비스 거래가 급증하고 있다. 통상·무역의 축이 디지털로 옮겨가고 있다는 얘기다. 맥킨지에 따르면 세계 전자상거래 시장은 2014년 1조 3,000억 달러로 이미 한국의 연간 국내총생산(GDP)에 육박한 데 이어 2019년에는 3조 4,000억 달러로 급증할 전망이다.

만리장성도 허문 '글로컬리제이션(Global+Localization)'

한류 콘텐츠의 성공 열쇠로는 '글로컬리제이션(Glocalization)'이 꼽힌다. 글로벌 진출과 현지화를 동시에 달성하는 것이 중요하다는 얘기다. 대표적인 성공 사례는 최근 '5억 달러 수출의 탑'을 받은 게임업체 스마일게이트엔터테인먼트. 문화·콘텐츠 기업이 5억 달러 수출의 탑을 받은 것은 스마일게이트가 처음이다. 스마일게이트의 시작은 그리 순조로운 편이 아니었다. 온라인 슈팅게임 '크로스파이어'를 맨 처음 국내에 내놨을 때 동시 접속자는 5,000명이 채 되지 않았다. 당시 인기를 구가하던 같은 장르의 '서든어택'에 비해 처참한 결과였다.

활로로 찾은 것이 떠오르는 중국 시장이었다. 당시 스마일게이트에 몸담았던 게임업계 관계자는 "국내에서 미진한 호응을 얻은 것을 '아예 뜯어고치자'는 생각으로 중국화에 올인했다"며 "개발진 대부분이 중국으로 건너가 중국 인터넷 환경과 유저들의 성향을 접목해 게임을 새롭게 탈바꿈시켰다"고 말했다.

중국 유저들의 요구상황에 맞춰 한국에서는 등장하지 않는 캐릭터와 새로운 컨텐츠를 추가하고 중국에서 게임이 잘 구현되도록 안정된 서버를 갖췄다. 이런 노력은 중국시장에서 '대박'을 터뜨리도록 했고, 2014년 1억 달러 수출의 탑으로 돌아왔다. 2년 만에 5억 달러까지 돌파하며 사그라지지 않는 인기를 보여주는 비결은 역시 글로컬리제이션이었다.

국내 특수 상영관 기술로 멀티플렉스의 종주국 미국과 전 세계 최대 시장 중국을 휘어잡은 사례 역시 문화수출의 좋은 본보기다. CJ CGV의 자회사 CJ 4D플렉스가 수출하는 '4DX'는 CJ CGV가 2009년 개발한 체험 상영관이다. 영화 장면에 따라 의자가 움직이거나 물이 튀고 향기가 나 관객 몰입감을 높이는 상영 방식이다. 4DX 상영 방식을 도입한 스크린 수는 2016년 12월까지 기준으로 미국, 일본, 영국, 인도, 멕시코, 러시아, 브라질, 칠레 등 44개국 344개에 이른다.

국가원로들의 제안

MK현인그룹 '담합 구조 해체하라'

2016년 10월 24일 JTBC의 '태블릿 PC' 보도 이후 한국은 '최순실 게이트'로 몸살을 앓았다. 급기야 2017년 3월 10일 헌법재판소가 박근혜 전 대통령을 파면했지만 5개월 동안 보수와 진보의 극렬한 대립 속에서 상처만 남았다. '비선실세'인 최순실 씨가 오랜 기간 국정에 관여한 사실이 밝혀지면서 국가 리더십이 자체가 붕괴하고 있다는 진단도 나왔다. 이 결과 헌정의 근간인 대통령제 자체가 흔들리고 있다. 사태의 핵심은 대통령의 그늘에 숨은 비선조직이 최소한의 견제와 감시마

MK현인그룹 30人				
정치행정	**가상준**	단국대 정치외교학과 교수 前 선관위 국회의원 선거구 획정위원	**고동원**	성균관대 로스쿨 교수 미래전략연구원 연구위원
	김동욱	서울대 행정대학원장 前 선관위 국회의원 선거구 획정위원	**권태신**	한국경제연구원장 前 국무총리실 실장
	이정희	한국외대 정치외교학과 교수 前 한국정치학회 회장	**김준영**	성균관대 명예총장 前 기재부 물가정책자문위원장
	이필상	서울대 경제학부 초빙교수 前 고려대 총장	**남주하**	서강대 경제학부 교수 금융발전심의회 위원
외교안보	**김태우**	동국대 석좌교수 前 통일연구원장	**성태윤**	연세대 경제학부 교수 前 KDI 금융경제팀 연구위원
	박철희	서울대 국제대학원 교수 서울대 일본연구소 소장	**김경수**	변호사 前 대구고검장
	이주흠	한국외대 초빙교수 前 외교안보연구원장	**김상협**	카이스트 녹색성장대학원 초빙교수 前 청와대 녹색성장기획관
	임종인	고려대 정보보호대학원 교수 前 청와대 안보특보	**김승열**	대한특허변호사회 회장 지식재산활용전문위원회 위원장
	홍두승	서울대 사회학과 명예교수 前 대통령직인수위 외교통일 위원	**정하균**	행복한재단 이사장 前 18대 국회의원(새누리당)
산업기술	**손양훈**	인천대 경제학과 교수 前 제18대 한국자원경제학회 회장	**조준모**	성균관대 경제학과 교수 한국고용노사관계학회 회장
	심교언	건국대 부동산학과 교수 前 서울시정개발연구원 위촉연구원	**노연홍**	가천대 메디컬캠퍼스 부총장 前 청와대 고용복지수석비서관
	이동현	평택대 물류학과 교수 해양수산부 정책자문위원	**문창진**	차의과학대 미술치료대학원 원장 前 보건복지부 차관
	임정빈	서울대 농경제사회학부 교수 前 총리실 부처평가 전문가 위원	**이주호**	KDI 교수 前 교육과학기술부 장관
	한민구	서울대 전기컴퓨터공학부 명예교수 前 지식경제부 신산업분과 위원장	**이혜정**	교육과학신연구소 소장 前 미시간대 객원교수
	이승철	전경련 부회장 민관합동창조경제추진단 공동단장	**최병호**	前 한국보건행정학회 회장 前 한국보건사회연구원장

저 벗어난 채 권력을 사유화했고, 눈에 보이지 않는 '거대 담합 구조(메가 카르텔)'를 이뤄 국정에 개입했다는 점이다. 국정을 붕괴시킨 'B급 국가 바이러스'다.

그렇다면 B급 국가 바이러스에서 벗어날 해법은 무엇일까. 매일경제는 최순실 게이트가 온 나라를 뜨겁게 달구던 2016년 10월 27일 'MK현인그룹' 24명에게 당면한 위기 탈출을 위한 해법을 질의했다. 이 결과에서도 '담합구조 해체'를 최우선 과제로

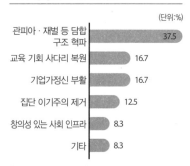

국가 정상화 우선 과제는

(단위:%)

관피아·재벌 등 담합 구조 혁파	37.5
교육 기회 사다리 복원	16.7
기업가정신 부활	16.7
집단 이기주의 제거	12.5
창의성 있는 사회 인프라	8.3
기타	8.3

*MK현인그룹 24명 대상 설문조사

꼽는 전문가가 37.5%로 가장 많았다. 20대 국회 개원에 맞춰 각 분야 전문가들을 초빙한 현인그룹은 국정에 대한 건전한 비판과 정책 제언을 위한 민간 전문가 그룹이다. 당시 설문 조사에서는 전체 30명 가운데 24명이 응답했다.

김승열 법무법인 양헌 대표변호사는 "관료화된 조직구조와 정보 독점, 각종 특혜로 무장한 메가 카르텔이 한국 사회의 최대 난맥상"이라며 "국가 투명성을 높이고 자체 통제 시스템과 언론의 감시를 받는 공식적인 조직을 통한 국정 운영만이 꼬인 매듭을 풀 수 있다"고 말했다. 정치권, 관료, 노조 등 한국 사회 전반을 뒤덮은 메가 카르텔이 특혜와 이권을 기반으로 한 포획구조를 이뤄 한국을 B급 국가로 몰아가고 있다는 지적이다.

'그림자 권력'에 의지한 국정 운영은 공직자들을 '영혼 없는 존재'로 타락시켰다. 본분을 망각하고 실세를 좇거나 복지부동에 빠져 국가 경

쟁력을 추락시키고 있다는 분석이다. 특히 청와대 민정수석실에 국가권력이 과도하게 집중되면서 국정운영의 오작동을 자초했다는 목소리가 나오고 있다. '메가 카르텔'을 타파하기는커녕 막강한 권력을 활용해 소수의 '자기 편'을 비호하고 지탱하는 도구로 전락했다는 지적이다. 핵심 요직에 대한 최소한의 공직 인사 검증조차 이뤄지지 않은 것이 대표적이다.

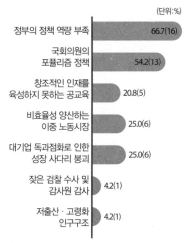

국정 난맥상 만든 정치·사회·경제 요인은

(단위:%)

정부의 정책 역량 부족	66.7(16)
국회의원의 포퓰리즘 정책	54.2(13)
창조적인 인재를 육성하지 못하는 공교육	20.8(5)
비효율성 양산하는 이중 노동시장	25.0(6)
대기업 독과점화로 인한 성장 사다리 붕괴	25.0(6)
잦은 검찰 수사 및 감사원 감사	4.2(1)
저출산·고령화 인구구조	4.2(1)

*괄호 안은 표, 복수 응답 2개, 200% 만점

현인그룹은 한국 공직사회의 능력치에 대해 "10년 새 급전직하했다"며 100점 만점에 낙제점인 36점을 줬다. 김동욱 서울대 행정대학원장은 "공직역량 평가를 통해 대규모 공직사회 구조조정과 신규 인력 수혈이 필요하다"며 "이들이 소신 있게 일할 수 있는 분위기를 만드는 게 또 다른 과제"라고 말했다.

그렇다면 공직 사회 개혁만으로 한국 사회의 뿌리 깊은 담합 구조를 해체할 수 있을지 의문이 든다. 최순실 게이트를 바라본 국민들은 대부분 고개를 저을 것이다. 재벌 기업들이 최순실 씨에게 불법 자금을 제공하고 이권을 얻는 과정을 보면 공직 사회 개혁만으로는 '언발에 오줌

누기'에 그칠 가능성이 높다.

이런 현실에 대해 이필상 서울대 겸임교수의 해법은 곱씹어 볼 만하다. 이 교수는 매일경제와 인터뷰에서 한국 경제·사회를 위기로 몰아가는 B급 국가 바이러스를 치료하고 역동성을 되찾기 위해선 건전하고 균형적인 발전을 가로막는 정치권력, 자

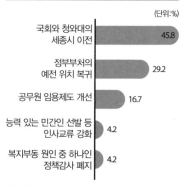

공직사회 기강 쇄신 방안은

(단위:%)

국회와 청와대의 세종시 이전	45.8
정부부처의 예전 위치 복귀	29.2
공무원 임용제도 개선	16.7
능력 있는 민간인 선발 등 인사교류 강화	4.2
복지부동 원인 중 하나인 정책감사 폐지	4.2

*괄호 안은 표, 복수 응답 2개, 200% 만점

본권력, 지식권력의 '3적(敵)'을 혁파해야 한다고 주장했다. "정치권력, 자본권력, 지식권력의 담합구조를 혁파해야 한다. 정부와 정치권이 권력을 통해 사회와 경제를 휘두르는 게 아니라 국민에게 봉사하는 본연의 역할을 하도록 근본적인 개혁을 해야 한다"는 것이 이 교수의 주장이다.

다른 MK현인그룹 전문가들의 진단도 크게 다르지 않았다. 이들은 한국 사회 문제점과 시스템 개혁을 위해서는 거버넌스 담합을 해체해야 한다고 입을 모았다. 고동원 성균관대 로스쿨 교수는 "대통령제 하에서 청와대로 집중된 권력이 엘리트 카르텔을 낳고 있다"며 "청와대 등 참모조직 축소와 헌법 개정을 통한 통치구조 재정비가 필요하다"고 강조했다. 이어 그는 "대통령에게 너무나 큰 권한을 줘서 법치주의 아래서 일어나선 안 되는 사건이 발생한 것"이라며 "현재 사태로 인해 당

장 개헌은 힘들겠지만 우선 청와대 조직 축소가 필요하다"고 강조했다.

김태우 동국대 석좌교수는 "소국일수록 강대국과 경쟁하기 위해 반드시 필요한 것이 단결과 공정한 인사인데 나라가 분열돼 있고 인사가 편중되니 거기서부터 문제가 출발한다"고 말했다. 담합 자체보다 담합에 편입할 수 있는 엘리트의 선발 과정이 잘못됐다는 비판도 나왔다. 이혜정 교육과혁신 연구소장은 "이튼스쿨, 그랑제콜, 하버드 등 선진국에도 기득권은 다 있다"며 "하지만 그 집단에서 어떤 능력을 자랑스럽고 명예롭게 여기는가에서 한국 사회와 차이가 나는 것"이라고 꼬집었다. 김승열 법무법인 양헌 대표변호사는 "모든 것을 디지털 기록·녹음으로 남겨 공개·공유할 수 있도록 법제화하면 독점적 파워나 권력형 비리를 상쇄시킬 수 있다"고 말했다.

전문가들은 아무리 시스템을 정비해도 완벽한 시스템은 없으며 결국 이를 완성시키는 것은 운영하는 사람의 역할이라고 입을 모았다. 임종인 고려대 정보보호대학원 교수는 "외부에서 내부로 들어오는 건 웬만큼 막을 수 있다. 하지만 아무리 시스템을 잘 구축해도 내부자가 시스템 허점을 알고 반출하는 것은 막기 어렵다"며 "사고가 터지면 시스템을 이중삼중 철저히 구축하면 다 될 거라고 생각하지만 결국 효율성만 떨어뜨리고 열 사람이 한 도둑 못 찾는 상황이 생긴다"고 강조했다.

한국 싱크탱크 수장들 '옥석 가리기 시급'

이른바 '퍼펙트 스톰'이 한국 경제를 집어삼킬 듯한 기세로 몰려오고 있다. 그렇다보니 수출 엔진의 회전이 둔화되면서 생산·투자·소비가 일제히 얼어붙고 있다. 2017년에는 3년 연속 2%대 성장, 10%를 웃도는 청년 실업률이 이어질 것이란 암울한

전망이 잇따르고 있다. 그러나 경제 활력 회복에 앞장서야 할 정부는 이미 실탄(정책수단)을 소진한 데다 최순실 사건 등으로 리더십마저 상실한 채 우왕좌왕하고 있다.

매일경제는 2016년 12월 21일 국내 대표 싱크탱크 수장들을 초청해 '2017 경제위기 극복 대토론회'를 열었다. 이 자리에 참석한 연구기관장들은 "국내외 악재로 인한 불안심리가 높아 정부가 돈을 풀어도 시장에서 돈이 돌지 않는다"며 "소비·투자 심리 회복을 위한 정부의 선제적·선별적 대응이 필요한 때"라고 입을 모았다. 정부의 재정지출이 일자리 창출과 생산·소비로 이어지도록 끊어진 선순환 구조를 되살려야 한다는 것이다.

전승철 한국은행 부총재보는 "단기적으로 소비나 투자를 진작할 수

매일경제 주최로 2016년 12월 21일 열린 '2017 경제위기 극복 대토론회'에서 국내 연구기관장들이 기념촬영을 하고 있다. 왼쪽부터 박형수 한국조세재정연구원장, 강인수 현대경제연구원장, 방하남 한국노동연구원장, 김준영 경제·인문사회연구회 이사장, 김준경 한국개발연구원장, 김동주 국토연구원장, 전승철 한국은행 부총재보.

는 있겠지만 경제구조적 문제에 미래 불확실성이 겹치며 단기간에 소비·투자 심리를 되살리긴 어렵게 됐다"며 "거시경제 측면에서 불확실성을 줄여주기 위한 '선제적 조치'가 필요하다"고 말했다.

김준경 한국개발연구원(KDI) 원장은 "도널드 트럼프발(發) 보호무역주의와 김영란법(청탁금지법)에 따른 국내외 불확실성을 잠재우기 위해선 재정·금리 정책을 적극 추진해 심리적 안정기조를 되찾아야 한다"고 주장했다.

연구기관장들이 제시한 해법의 핵심은 '옥석 가리기'다. 경기부양을 명목으로 앞뒤 안 가리고 무작정 돈을 풀기보다는, 정부가 원칙을 갖고 정책효과가 날 곳을 골라 집중적으로 지원해야 한다는 지적이다. 특히 '총력대응=무작위 현금 살포'여서는 안 된다는 게 연구기관장들의 경고다. 박형수 한국조세재정연구원장은 "추가경정예산(추경)을 통한 사회간접자본(SOC) 투자는 계속사업으로서 경기부양 효과가 있다"고 말했다.

김동주 국토연구원장도 "미국의 트럼프 정부가 1조 달러에 달하는 인프라스트럭처 투자를 공언하는 등 여전히 SOC 투자는 유효한 대책"이라고 공감의 뜻을 밝혔다. 다만 김동주 원장은 "SOC에 대한 무분별한 과잉투자는 지양해야 한다"며 "일본 아베 신조 정부와 같이 정책효과가 날 곳을 선별해 집중 투자하는 방식으로 전환해야 한다"고 설명했다.

경제 활력 회복을 위해 민·관이 '시너지' 효과를 내야 한다는 데는 김준영 경제·인문사회연구회 이사장도 뜻을 같이했다. 김 이사장은 "그간 일방적 지출이었던 정부 재정 투입을 대신해 투자성 지출을 늘림으로써 위축된 민간투자를 이끌어내야 한다"고 강조했다. 박 원장과 김동주 원장도 "노후상수도 사업과 같이 지방자치단체에서 하기 힘든 생활 기반사업에 정부 투자를 늘려야 한다"며 무작위 현금 살포가 아닌 잠재성장률이나 국민의 삶의 질 제고에 도움이 되는 재정 투입이 이뤄져야 한다고 지적했다.

지역별로는 조선업체가 밀집한 경남 거제, 울산 등 지역에 SOC 사업을 신속히 추진해야 한다는 충고도 나왔다. 방하남 한국노동연구원 원장은 "울산, 거제 등에 있는 인력들은 오랜 기간 정주하던 인력이라 그 지역에서 일자리를 구하지 못하면 당분간 다시 취업하기 어렵다"면서 "울산 석유화학단지를 예로 들면 송유관들이 낡아 화재가 자주 나는

데 국가 공유시설이라 정부가 추진하면 될 것"이라고 주장했다. 그는 이어 "고용노동부는 고용보험 등을 활용해서 취업 지원도 하고 일자리 창출과 내수 진작에 힘을 기울여야 한다"고 덧붙였다.

강인수 현대경제연구원장은 "소비 살리기도 국민의 소비 패턴을 파악한 뒤 명확한 타기팅을 통해 정책 효과를 높여야 한다"고 주장했다. 당장 소비심리 회복도 어렵고 소비여력도 많지 않은 취약계층보다는 상대적으로 소비성향이 높은 1인 가구에 대한 소비 확대책을 마련하자는 제안이다.

실제 통계청에 따르면 2016년 2분기 기준 1인 가구의 소비성향(가처분소득 대비 소비액)은 77.6%로 2인 이상 가구(70.9%)를 훨씬 앞지른다. "'혼술족', '혼밥족'인 청년층의 고용률과 소득을 늘려 이들이 소비를 늘릴 수 있도록 해야 한다"고 강 원장은 설명했다. 또한 투자 확대를 위해 기업을 옭아맨 정치권의 족쇄를 풀어줘야 한다고 강조했다.

한국 경제의 뇌관인 가계부채 연착륙을 위한 특단의 대책을 주문하는 목소리도 많았다. 김준경 원장은 "이미 가계부채는 성장을 제약할 임계치에 도달했다"고 설명했고, 김동주 원장도 "향후 금리 인상으로 주택담보대출 금리가 5%선 이상으로 오를 경우 급격한 내수 위축이 우려된다"며 정부의 선제적 관리 방안 마련을 요청했다.

전직 경제 수장들의 고언

대한민국의 미래가 그야말로 '풍전등화'다. 국내외 안팎으로 악재가 쌓이고 있지만 위기를 극복할 리더십은 보이지 않는다. 국난 극복을 위해 머리를 싸매야 할 공무원들은 사실상 일손을 놨다. 20년 전 외환위기 당시를 떠올리게 하는 불안한 현실이다.

'또 다른 경제위기'에 대한 불안감이 높아지고 있는 가운데 환란 극복에 앞장섰던 경제수장 4인방이 한자리에 모였다. 한국개발연구원(KDI)은 2016년 11월 30일 서울 플라자호텔에서 〈코리안 미러클 4 : 외환위기의 파고를 넘어〉 발간 보고회를 개최했다.

이 자리에는 이헌재 전 경제부총리, 진념 전 경제부총리, 이규성·강봉균 전 재정경제부 장관이 총출동해 위기 돌파를 위한 쓴소리를 쏟아냈다. 이들은 최순실 국정농단 사태에 대한 우려와 함께 정치개혁과 경제 리더십 회복, 신속·과감한 구조조정을 위기 돌파의 최우선 과제로 꼽았다.

강봉균 전 재정경제부 장관은 "몇 년 전까지만 해도 정치·경제 발전을 동시에 이룬 나라라고 자처했지만 이제는 그런 말을 하기가 쑥스럽다"며 "(민주화 이후) 30년간 다 이룬 것처럼 착각했지만 정작 선진화된 것은 별로 없다"고 질타했다. 그는 "정치개혁을 이룰 흔치 않은 기회"라며 "정치개혁이 이뤄지면 구조조정과 새로운 경제 도약을 위한 전화위복의 계기가 될 수 있다고 믿는다"고 조언했다.

환란을 극복한 전직 경제 수장들이 2016년 11월 30일 서울 중구 플라자호텔에서 열린 〈코리안 미러클 4 외환위기의 파고를 넘어〉 발간보고회에 참석했다. 앞줄 왼쪽부터 강봉균 전 청와대 경제수석·재정경제부 장관, 이규성 전 재정경제부 장관, 진념 전 기획예산처 장관·재정경제부 장관, 이현재 전 금융감독위원장·재정경제부 장관.

    진념 전 경제부총리도 "외환위기 때는 여기 있는 분들이 대통령과 소통하며 국민의 여망을 모아 (위기 극복에) 최선을 다했다"며 "지금 그런 리더십이 있는지는 판단해 볼 문제"라고 쓴소리를 아끼지 않았다. 이어 그는 "문제 수습을 위해선 팀워크가 필요하다"며 최근 구조조정 과정에서 논란이 된 서별관 회의(비공개 거시경제정책협의회)의 필요성을 강조했다.

    외환위기 직후 김대중 정부의 초대 재경부 장관을 맡았던 이규성 전 장관은 정부의 지지부진한 구조조정을 강하게 질타했다. 그는 "구조조정은 끊임없는 환경 변화 속에서 지속적으로 하는 일"이라며 "기간을 정해놓고 하는 일이 결코 아니다"라고 말했다. 또 이 전 장관은 "현재의 어려움은 단순히 소비·투자 진작과 같은 경기대응책만으로는 해결할 수 없다"며 장기적인 안목으로 경제를 위한 큰 그림을 그릴 것을 주문했다. 이를 위해 그는 "새로운 이념 설정과 그에 따른 구조조정 및 신기술 도입이 필요한 때"라고 지적했다.

이헌재 전 경제부총리도 "나라의 권위가 너무 실추된 것 같다"면서도 "하지만 (공직자는) 주어진 여건에서 최선을 다하고 책임을 질 수밖에 없다"며 경제부처의 책임 있는 자세를 주문했다.

창업 실패 두려워하지 않는 '오뚝이 사회' 만들어야

"한국 경제는 정말로 큰 난관에 봉착했다. 조선·해운과 같은 중후장대한 산업의 붕괴는 노동시장의 붕괴를 가져올 것이다."

이헌재 전 경제부총리는 2017년 1월 10일 서울 종로구 포시즌스 호텔에서 열린 'EY한영 신년 경제전망 세미나'에서 "한국 경제는 4차 산업혁명을 뒷받침하는 서비스산업의 바탕이 갖춰지지 못한 상태"라며 이 같이 말했다.

이헌재 전 경제부총리

외환위기 직격탄을 맞았던 김대중 정부 당시 금융감독위원장. 노무현 전 대통령 탄핵 정국에서 경제부총리를 맡은 이 전 부총리. 기업 구조조정과 경제 위기 극복을 진두지휘했던 그는 이 자리에서 "디지털 시대를 맞아 컴퓨터, 스마트폰까지 이어졌던 성장 동력이 향후 십년 안팎으로는 잘 보이지 않는다"며 "한국 경제는 양적 성장에 비해 질적 변화를 도모하지 못했다"고 질타했다.

특히 이 전 부총리는 한국 경제가 내적으로 안고 있는 '폭탄'에 대해 경고했다. 그는 '정치·경제에서의 과도한 (권력·시장지배력) 집중', '고령화와 인구절벽', '주거비·교육비 부담'을 주요한 시스템 리스크로 봤다.

그는 우선 "소수 대기업에 대해 과도하게 의존하는 산업구조와 선단식 경영모델(재벌그룹들이 주력업체를 중심으로 확장을 거듭해 많은 계열사들을 거느린 행태)이 성장의 걸림돌이 되고 있다"며 "정치권도 협치(協治) 역량을 높이고, 관료들도 민의에 충실한 전문가 집단으로 변모해야 한다"고 말했다. 특히 이 전 부총리는 "시스템 개선을 위해서는 기득권층인 보수가 먼저 솔선수범해야 한다"고 강조했다.

또한 이 전 부총리는 "통계적으로 볼 때 2017년은 한국에서 '인구절벽'이 시작되는 원년이 될 것"이라며 "급속한 고령화에 따른 노년층 복지비 부담이 경제를 짓누를 것"이라고 전망했다. 하지만 그는 "4차 산업혁명은 위기이자 기회"라며 "4차 산업혁명을 기회 삼아 새로운 돌파구를 찾아야 한다"고 강조했다. 한국 경제가 대내외적으로 어려움에 봉착해 있지만 4차 산업혁명을 통해 재도약을 위한 발판을 마련할 수 있다고 내다본 것이다.

이 전 부총리는 이 자리에서 위기 극복과 4차 산업혁명 대응을 위한 해법으로 '리스타트 (Restart) 2017'을 제안했다. 원점에서 다시 시작하는 자세로 변화와 불확실성에 흔들리지 않는 지속 가능한 경제 시스템을 구축해야 한다는 것이다. 이를 위해 그는 "4차 산업혁명의 기반인 인공지능과 빅데이터, 클라우드 컴퓨팅 기술에 대한 정부 투자를 늘려 '공적 인프라스트럭처'로 조성해야 한다"고 제안했다.

재원 마련에 대해서는 "정부는 준조세를 거두기보다는 기업에 유리한 환경을 조건으로 기득권층의 세 부담을 늘려야 한다"며 "이참에 정부의 역할도 새롭게 디자인해야 한다"고 말했다. 기업에 대해서도 "10년을 내다보는 창업자 시각에서 4차 산업혁명에 대비한 연구개발 (R&D) 투자와 인수·합병(M&A)에 대한 관심을 높여야 한다"며 발 빠른 대응을 촉구했다.

핵심은 "창업 실패를 두려워하지 않는 '오뚝이 사회'를 만드는 것"이라고 이 전 부총리는 강조했다. 그는 "창업과 재도전을 반복하는 일이 쉽고 즐거운 '리바운드(Rebound) 사회'를 만들어야 한다"며 "단순히 패자부활전의 개념을 넘어 실패의 자유를 보장해야 한다"고 말했다.

나오며

"행복한 가정은 다 비슷한 이유로 행복하지만, 불행한 가정은 서로 다른 이유로 불행하다"

톨스토이가 쓴 《안나 카레니나》의 저 유명한 첫 문장처럼 동서고금을 통틀어 성공한 가정이나 기업, 국가들에는 나름의 공통점이 있다. 구성원들 간에 서로 의욕을 북돋워주고, 소통이 잘 되며, 미래 비전이 있고, 외부 위험에 공동으로 맞서며, 결과에 대한 분배가 공평하게 이뤄지는 선순환 구조가 이른바 잘되는 집안·공동체의 선결요건이다. 하지만 이 같은 선순환 구조는 어느 순간 금이 가고 균열이 시작된다.

한국은 '아시아의 네 마리 용' 중에서도 손꼽히는 아웃라이어 국가다. 전쟁잿더미 위에서 불과 반세기여 만에 세계 11위 경제대국으로 우뚝 섰다. 한국보다 앞선 경제대국들은 미국, 일본, 영국, 러시아, 프랑스, 독일 등 모두 식민지를 거느렸던 옛 제국이다. 한때 식민지로 추락하는 처절한 실패를 경험했던 국가가 지금 위치까지 올라선 것 자체가 기적이란 평가다.

하지만 한때 후진국이었다고 해서 영원히 후진국이란 법도 없지만 선진국이 됐다고 해서 그 지위가 계속 유지될 수는 없다는 게 역사의 철칙이다. 특히 정치인 등 사회 엘리트계층이 자신의 무능함을 감추고 대중의 환심을 사기 위해 포퓰리즘을 남발하고 이에 제동을 걸 장치가 점차 무력화될 때 세상은 아래에서부터 썩어 들어가기 시작한다.

대표적인 반면교사가 아르헨티나다. 20세기 초만 해도 아르헨티나는 경제 선진국이었다. 1914년 해외 진출을 노리던 런던의 유명 백화점인 해롯 백화점이 1호점을 아르헨티나 수도 부에노스아이레스에 열 정도였다. 하지만 1946년 후안 페론 대통령 집권 이후 아르헨티나는 추락하기 시작했다. 국민들의 환심을 사기 위해 복지 지출을 대폭 늘렸다. 은퇴자 연금을 한꺼번에 올려주고 국가 예산의 19%를 생활보조금에 쓰는 등 퍼주기 정책이 일상화하면서 재정이 바닥났다. 정치 제도도 허약했다. 군부 쿠데타가 끊이질 않고 민주주의는 계속 흔들렸다. 세계 투명성 지수에서 106위로 추락했다. 정치인과 사회 엘리트들은 그들만의 리그에 안주하면서 아르헨티나는 점차 썩어갔다. 약속의 땅, 탱고의 나라가 100년 만에 최악의 나라로 변한 것이다.

한때 승승장구하던 국가가 어느새 불행의 나락으로 빠져드는 데는 여러 가지 이유가 있을 것이다. 하지만 이를 뭉뚱그려서 말한다면 '부패가 생겨나고 국가 전체로 확산되는 것을 막지 못했기 때문'에 불행해지는 것이다.

마키아벨리가 《로마사론》에서 얘기했듯이 국가와 공동체 구성원들이 정치·경제적 자유를 추구하도록 북돋워주는 국가는 융성의 길을 걷지만 어느 순간 부패에 전염되면서 개인의 자유를 억압하는 체제로 변질되고 국가는 쇠락의 길을 걷게 된다.

잘 작동하던 조직을 썩게 만드는 부패, 승승장구하던 나라의 국운을 바꾸는 게 바로 B급 국가 바이러스다. 바이러스는 사람들이 쉽게 알아차리지 못하게 다양한 가면을 쓰고 나타나는 특징이 있다. 따라서 B급 국가 바이러스가 전방위로 퍼져가는 것을 막으려면 일차적으로 이 바이러스가 어떤 형태로 우리 사회에 스며들어 왔는지 그 정체부터 파악해야 한다.

우리는 이 책에서 한국사회가 감염된 총체적 위기를 사회 구성원들, 특히 공적인 임무를 맡은 엘리트계층이 자신의 사익을 추구하는 풍토가 독버섯처럼 자라나면서 대한민국을 B급 국가로 전락시킬 위험에 빠트린 거대 담합구조를 만들어냈다는 점을 직시했다. 2014년 세월호 사건부터 시작해 2017년 3월 박근혜 대통령 탄핵에 이르기까지 대한민국을 판판이 위험으로 몰고 간 대형 사건들의 근원에는 이 같은 부패 구조가 똬리를 틀고 있다.

'나만 살면 된다'며 자신이 소속된 집단의 사익만을 챙기기 위해 만들어진 각종 규제들이 다년생 잡초마냥 끈질기게 확산되면서 세상은 갈수록 황폐화되고 있다. 자유 경쟁은 어느새 사라지고 기업가 정신은 쇠퇴했으며 님비·핌피 등 집단 이기주의만 판을 치게 됐다. 평등주의 사고의 덫에 갇혀 교육을 통한 기회 사다리가 붕괴되고 사회 전반의 인프라는 어느새 창의성을 막는 쪽으로 흘러가 버렸다. 공동체 전체의 장기 이익이 아니라 개인과 집단의 편협한 단기 이익을 우선하는 사회적 풍토 속에서 저출산 고령화 속도는 세계 유례가 없을 정도로 빠른 속도로 진행되고 있다. 부동산 시장을 살려서 내수 침체를 막아보겠다는 임기응변식 국가 운영에 취한 나머지 가계부채 고삐가 유례없는 속도로 폭증하면서 국가 경제 전체에 큰 짐이 되고 있다.

하지만 이 모든 문제보다 더 큰 위기는 이 같은 문제를 우리 모두가 너무나 잘 알고 있으면서도 아무도 팔을 걷고 나서는 사람이 없다는 것이다. 개혁은 말로 하기엔 쉽다. 하지만 사회 각계각층에 자리 잡은 기득권 세력들의 이해관계를 조절하면서 한 발짝씩 앞으로 나아가는 것은 지난한 고통의 과정을 수반한다. 안정되고 강한 제도를 만드는 일은 어느 날 불쑥 이뤄지지 않는다. 총알이 빗발치는 전장에서 철모를 부여잡고 바짝 엎드린 채 한 걸음씩 전진하듯,

점진적으로 장기전을 치러야 가능하다.

2014년 4월 세월호 사건이 터지자 한국사회에선 영화 〈명량〉의 흥행과 함께 이순신 신드롬이 불었다. 결국 세월호로 상징되는 이 복잡한 세상의 위험들을 누군가 단칼에 끊어주는 리더가 출현해 주길 지금도 세상은 갈망한다. 하지만 우리가 당면한 난제들을 단칼에 해결해줄 이순신은 오지 않는다. 오히려 자신이 이순신이라고 주장하는 자, 대한민국을 망치는 B급 바이러스를 단숨에 물리치겠노라 호언하는 그를 경계해야 한다.

매일경제 경제부 차장 이근우

| 지은이 소개 |

매일경제 경제부

이진우 고려대 경영학과를 졸업하고 카이스트에서 경영학 석사학위를 받았다. 매일경제 경제부, 사회부, 금융부, 부동산부 기자와 워싱턴 특파원 등을 거쳐 현재 경제부장을 맡고 있다. 1997년 외환위기 와 2008년 글로벌 금융위기를 현장에서 목도했다.

이근우 서울대 경제학과를 졸업한 후 매일경제에 입사했다. 20년 간 기자생활 틈틈이 고려대 법무대학원, 카이스트 최고경영자 과정 등을 거쳐 미국 스탠퍼드대 후버연구소에서 객원연구원으로 활약했 다. 저서로 《영악한 경제학》, 《경제학프레임》 등이 있고 공저로는 《지식프라임》 등 다수가 있다.

조시영 서울대 정치학과를 졸업하고 미국 미시간대 경영대학원(MBA)을 졸업했다. 총리실, 감사원, 외교 부, 통일부, 금융위 등을 거쳐 현재 기획재정부를 출입하고 있다. 저서로 《대한민국은 지금 분노 하고 있다》가 있고, 공저로는 《독립신문 다시읽기》, 《세계 톱브랜드에서 배운다》 등이 있다.

고재만 연세대 경영학과를 졸업하고 2002년 매일경제에 입사했다. 증권부, 금융부, 사회부, 산업부, 부동 산부를 거쳐 현재 경제부에서 산업통상자원부를 출입하고 있다. 《금융상식 완전정복》, 《샐러리맨 별을 달다》, 《다가오는 경제지진》 등을 공저했다.

서동철 고려대 영어교육과를 졸업하고 〈서울경제〉를 거쳐 매일경제에 입사했다. 경제부 세종팀에서 고용 노동부, 산업통상자원부, 농림축산식품부 등을 출입하며 정책 관련 취재를 했다. 현재는 모바일부 에서 휴대폰, 게임 등을 담당하고 있다.

이상덕 한양대 정치외교학과를 졸업하고 매일경제에 입사했다. 현재 경제부에서 거시경제 전반을 취재 하고 있다. 기자협회가 수여하는 제239회 이달의 기자상과 2011년 씨티 대한민국 언론인 대상을 수상했다. 《1% 기업들의 오프더레코드 성공법칙》, 《나는 분노한다》 등을 공저했다.

전정홍 서울대 국어국문학과를 졸업하고 매일경제에 입사했다. 정치부, 금융부, 중소기업부 등을 거쳐 현 재 경제부에서 국세청, 복지부 등을 담당하고 있다. 공저로 《보험지식의 힘》 《금융상식백과》 등이 있다.

김규식 서울대 중어중문학과를 졸업하고 매일경제에 입사했다. 국제부를 거쳐 사회부에서 경찰, 법원, 검 찰 등을 취재했으며 경제부에서 기획재정부를 출입했다. 현재 보건복지부와 국토교통부를 담당 하고 있다.

김세웅 서울대 영어영문학과를 졸업하고 매일경제에 입사했다. 현재 경제부에서 기획재정부와 통계청 등을 담당하고 있다. 민주통합당과 통합진보당을 출입했고 법무부와 검찰, 헌법재판소 등 법조계 전반을 취재했다.

이승윤 서울대 동양사학과를 졸업하고 매일경제에 입사했다. 부동산부에서 3년 가까이 건설업계와 서울 시청 출입 등을 맡았고 현재 경제부에서 기획재정부, 해양수산부, 환경부를 담당하고 있다.

나현준 서울대 중어중문학과를 졸업하고 매일경제에 입사했다. 국제부를 거쳐 경제부에서 한국은행, 기 획재정부, 공정거래위원회 등을 취재했다. 현재는 고용노동부를 출입하고 있다.

부장원 연세대 경제학과를 졸업하고 2015년 매일경제에 입사했다. 현재 경제부에서 한국은행을 담당해 거시경제 전반을 취재하고 있다.

추락하는 대한민국, 반등의 마지막 기회를 잡아라

B급 국가 바이러스

초판 1쇄 발행 2017년 5월 1일

지은이 매일경제 경제부
펴낸이 전호림
책임편집 권병규
마케팅·홍보 강동균 박태규 김혜원

펴낸곳 매경출판㈜
등 록 2003년 4월 24일(No. 2-3759)
주 소 (04557) 서울시 중구 충무로 2 (필동1가) 매일경제 별관 2층 매경출판㈜
홈페이지 www.mkbook.co.kr **페이스북** facebook.com/maekyung1
전 화 02)2000-2631(기획편집) 02)2000-2636(마케팅) 02)2000-2606(구입 문의)
팩 스 02)2000-2609 **이메일** publish@mk.co.kr
인쇄·제본 ㈜M-print 031)8071-0961
ISBN 979-11-5542-655-5(03320)